FRANCE

et

CANADA

PAR

FRÉDÉRIC GERBIÉ

PREMIÈRE ÉDITION

PARIS

CHARLES SCHLAEBER, IMPRIMEUR-ÉDITEUR

257, Rue Saint-Honoré, 257

1896

FRANCE ET CANADA

OUVRAGES DU MÊME AUTEUR :

Le Canada et l'Émigration française, 15e édition. — Augustin Challamel, éditeur.

Ma Mission en Indo-Chine, 1887-88. — Émile Deshayes (Rouen), éditeur.

EN PRÉPARATION :

Haïti et Saint-Domingue.
Les Acadiens.

FRANCE

et

CANADA

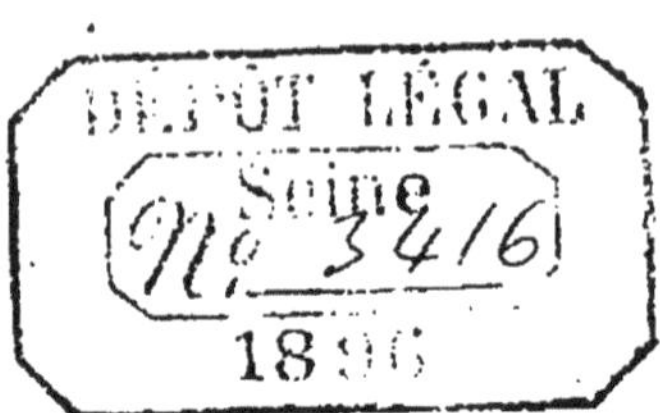

PAR

FRÉDÉRIC GERBIÉ

PREMIÈRE ÉDITION

PARIS
CHARLES SCHLAEBER, IMPRIMEUR-ÉDITEUR
257, Rue Saint-Honoré, 257
1896

AVANT-PROPOS

Dix ans se sont écoulés depuis notre dernier séjour au Canada. Appelé sur d'autres points du globe, nous n'avons cependant pas cessé de nous intéresser à l'œuvre que nous avions entreprise et que d'autres ont poursuivie avec plus d'autorité, mais non avec plus de dévouement à la cause canadienne-française et à celle du développement de nos relations avec la France américaine. Pouvait-il en être autrement, après avoir pendant plusieurs années goûté le charme de la large et bienveillante hospitalité canadienne? Le livre de nos souvenirs sur le Canada est comme celui de l'auteur préféré que nous aimons à relire le plus souvent possible. Ceux de nos compatriotes qui, comme nous, ont longtemps vécu de la vie même des Canadiens français, trouveront fort naturelle cette fidélité à nos souvenirs et à nos affections.

Mais notre intention n'est pas de vanter aujourd'hui la beauté des paysages canadiens, ni de dire toute la poésie des grands fleuves et des lacs innombrables qui piquent d'autant de miroirs éclatants les sombres forêts des Laurentides. Nous ne redirons pas davantage toute l'affection des Canadiens-français pour leur ancienne mère-patrie. C'est là désormais œuvre banale, depuis que de nombreux voyageurs, touristes, écrivains, conférenciers, publicistes et commerçants en ont apporté l'écho jusque dans nos campagnes les plus éloignées. Tout le monde en France connaît aujourd'hui ces nombreuses et touchantes marques d'attachement qui rendent sacrés pour nous les habitants de la Nouvelle-France. Et nous éprouverons toujours une grande satisfaction d'avoir tant soit peu contribué à les faire connaître.

Ce que nous voulons examiner ici, c'est le progrès accompli depuis dix ans dans le développement de nos relations avec le Canada. A-t-il été à la hauteur de nos légitimes espérances et des efforts tentés des deux côtés de l'Atlantique? Au risque de nous voir reprocher une impatience, bien naturelle cependant, nous sommes obligé de reconnaître que ce progrès a été peu sensible. Et il nous a semblé intéressant d'en rechercher les causes et d'étudier qu'elles pourraient être, au point de vue français, les conséquences des deux plus grands événements qui se soient produits depuis dix ans au Canada.

Un traité de commerce a été signé tout récemment entre la France et le Canada. C'est le premier traité de commerce qu'ait signé le Canada avec une Puissance quelconque. Jusqu'à quel point devons-nous lui être reconnaissant de cette préférence qui nous a été accordée? Que vaut ce traité de commerce? Quels peuvent en être les résultats?

Les élections qui viennent d'avoir lieu au Canada ont amené le parti libéral au pouvoir, dont il avait été éloigné pendant dix-sept années consécutives. Elles sont de nature à changer dans un avenir assez rapproché les conditions économiques et politiques du Canada, et à modifier l'état de ses relations avec les autres Puissances. Jusqu'à quel point la France y est-elle intéressée?

Tel est l'objet du travail auquel nous nous sommes livré, dans l'espoir de servir une fois encore la cause française au Canada.

PREMIÈRE PARTIE

LE TRAITÉ DE COMMERCE

ENTRE LA FRANCE ET LE CANADA

LE TRAITÉ DE COMMERCE

ENTRE

LA FRANCE ET LE CANADA

CHAPITRE Ier

Aperçu rétrospectif de la politique canadienne. — Démarches du Gouvernement canadien auprès des cabinets de Washington et de Madrid.

C'est au mois d'avril 1893 que M. George Foster, ministre des finances du Canada, fit le premier pas dans la voie d'une négociation commerciale avec la France.

A quel mobile M. George Foster obéissait-il en entrant dans cette voie? Un rapide aperçu de la politique canadienne à cette époque jettera, croyons-nous, quelque lumière sur l'amour subit autant qu'inattendu que les *tories* ont tout à coup manifesté pour la France républicaine.

Sir John Abbott, alors au pouvoir, avait succédé, en juin 1891, à sir John Mac Donald, homme d'Etat remarquable qui, durant une carrière de plus de quarante ans, avait réussi à conserver dans la Puissance (1) une popularité incontestée. Quelques mois avant sa mort, cet éminent chef du parti conservateur canadien, voyant l'horizon politique s'assombrir, avait dissous par anticipation la Chambre des communes fédérale et adressé un appel aux électeurs. Le parti libéral n'était pas encore prêt pour la lutte. La victoire resta aux conservateurs. La Chambre élue à cette époque, et qui a jusqu'à ces derniers jours conservé son mandat, se composait de 118 conservateurs et de 97 libéraux.

Sir John Mac Donald survécut peu à ce dernier triomphe. Au mois de juin 1891, à la suite d'une longue maladie, il succombait laissant après lui une lourde succession à recueillir.

Sir John Abbott, l'un des directeurs du chemin de

(1) Nous employons avec intention le mot « Puissance » et non le mot « Dominion ». Ce dernier mot, en effet, signifie pays de protectorat, expression quelque peu blessante; et les Canadiens français ont exigé, lors de l'acte de Confédération de 1867, que le texte français portât : « Puissance du Canada ».

fer du Pacifique canadien, homme déjà très âgé, connu par une longue carrière politique au cours de laquelle il s'était montré homme d'Etat sinon brillant, du moins sage et prudent, fut désigné par le baron Stanley de Preston, alors gouverneur général du Canada, pour remplir le poste de premier ministre. La santé du nouveau président du Conseil était dès cette époque fort ébranlée. Son passage aux affaires ne fut d'ailleurs jamais considéré à Ottawa que comme transitoire. Le mal dont il souffrait l'enleva en novembre 1893.

Sir John Abbott avait conservé les principaux collaborateurs de son prédécesseur : M. George Foster, député du comté de King (Nouveau-Brunswick) restait aux Finances; Sir John Thompson, député du comté d'Antigonish (Nouvelle-Ecosse) conservait la Justice ; et M. J. A. Chapleau, député du comté de Terrebonne (Province de Québec) était maintenu au Secrétariat d'Etat qu'il occupait depuis de nombreuses années.

Elever entre les Etats-Unis et le Canada un mur de Chine, dont bénéficient les quelques grands industriels du pays et les exportateurs anglais, tel a toujours été le programme des *tories* canadiens. Une certaine fraction du parti *tory* favorise même un programme, connu sous le nom de *Fédération Impériale*, qui tend à souder entre eux et à la mère-patrie les différents tronçons du système colonial anglais, et à faire du tout un immense Zollverein. Et ce qu'il y a de plus curieux à noter, c'est que les chambres de commerce des grandes villes anglaises, libre-échangistes par principe, repoussent le plan de la Fédération Impériale qui forcerait le gouvernement du Royaume-Uni à édicter des tarifs différentiels en faveur des colonies. C'est donc aux colonies et non en Angleterre que se recrutent les plus chauds partisans de la Fédération Impériale.

L'essor du commerce et la prospérité matérielle du Canada dépendant, suivant nous, de la facilité des échanges entre ce pays et les Etats-Unis, les deux systèmes de la protection à outrance et de la Fédération Impériale sont également contraires aux intérêts du pays.

Les élections de 1891 se firent sur la question du tarif. Sir John Mac Donald avait assigné comme motif à la dissolution anticipée de la Chambre des Communes la nécessité de consulter les populations sur la question du régime des douanes.

Le fermier canadien qui, avant l'entrée en vigueur du tarif Mac Kinley, exportait aux Etats-Unis des chevaux, des foins, des beurres, des œufs, des fromages, et s'était vu fermer ce marché, se plaignait amèrement. Le parti libéral s'était emparé de ce thème et préconisait la réciprocité illimitée avec les Etats-Unis. M. Wilfrid Laurier, chef de l'opposition à la Chambre des communes, et M. M. Mercier, premier ministre de la province de Québec, défendaient ce programme. Sir Oliver Mowat, premier ministre de la province d'Ontario, Sir Richard Cartwright et M. Mills, de la même province, étaient les champions de ce système qui, pour des causes différentes, avait aussi des adhérents dans les provinces maritimes, M. Fielding, par exemple, premier ministre de la Nouvelle-Ecosse.

Les conservateurs recommandaient la réciprocité limitée aux produits naturels. Lié par ses engagements avec les capitalistes et les manufacturiers qui contribuaient largement aux fonds des élections, ce parti ne pouvait sacrifier le programme de la protection à outrance des articles manufacturés. Il ne pouvait pas non plus, en raison de ses attaches avec les exportateurs anglais, négliger leurs intérêts et les mettre, en ouvrant la frontière des Etats-Unis, dans une position défavorable pour lutter sur le marché du Canada avec la concurrence américaine.

Les conservateurs revinrent cependant en majorité dans la nouvelle Chambre, grâce à la popularité de vieille date de Sir John Mac Donald et à l'appoint des territoires du Nord-Ouest dont les habitants, en raison du système des concessions de terrain, sont entre les mains du gouvernement.

Les provinces maritimes, que la question des pêcheries et le monopole du charbon rendent défavorables aux Etats-Unis, envoyèrent aussi siéger à Ottawa une majorité conservatrice.

Mais Ontario élut une majorité libérale, et la province de Québec, à une voix près, choisit un nombre égal de représentants dans les deux partis.

En somme, les conservateurs avaient été sauvés par les provinces maritimes et le Nord-Ouest.

L'honneur du succès dans la Nouvelle-Ecosse et le Nouveau-Brunswick revenait sans contredit à Sir Charles Tupper.

Depuis une vingtaine d'années, ce vétéran de la politique jouit d'une popularité incontestée dans cette partie de la Puissance. Son affabilité et son réel talent d'orateur, en dehors des services qu'il a rendus à son pays en sa qualité de Haut Commissaire du Canada à Londres, justifient suffisamment cette popularité et le placent parmi les grands hommes d'Etat qu'a produits le Canada. M. George Foster et Sir John Thomson lui étaient personnellement redevables d'un appui qui n'était pas à dédaigner. Il est dès lors facile de se rendre compte de l'influence considérable à laquelle le vieux champion tory de la Nouvelle-Ecosse avait droit dans les conseils du gouvernement.

Après les élections, la presse et l'opinion publique insistèrent pour la mise à exécution des promesses faites à la veille du scrutin. Il fallut se décider à faire une tentative ou, pour mieux dire, un simulacre de tentative, en vue d'arriver à un arrangement commercial avec la République voisine. Le voyage entrepris par les délégués canadiens, Sir John Thompson et M. George Foster, aboutit à un véritable échec. M. Blaine et le ministre des finances du Président Harrison, qui par une singulière coïncidence portait le même nom que le ministre des finances canadien, reçurent les représentants de la Confédération voisine avec tiédeur, pour ne pas dire avec froideur. A cet accueil, qui surprend du premier abord, il y avait des causes multiples :

1° L'éternel conflit concernant le droit de pêche des Etats-Unis dans les eaux canadiennes de l'Atlantique et du golfe Saint-Laurent ;

2° La concurrence faite aux Américains par les Canadiens dans la mer de Behring pour la chasse des phoques. Il est à noter que des personnages politiques influents aux Etats-Unis sous l'administration du président Harrison étaient de gros actionnaires de la compagnie des fourrures de l'Alaska, rivale de la compagnie de la baie d'Hudson ;

3° Le différend qui s'était élevé entre les Etats-Unis et le Canada, au sujet de la question des péages sur les canaux qui relient entre eux les grands lacs du continent américain ;

4° Enfin les délégués canadiens venaient proposer aux Américains un arrangement commercial limité à l'échange des produits naturels du sol et des usines, tandis que les Américains ne désiraient traiter que sur le pied de la réciprocité illimitée.

Avec des vues aussi divergentes de part et d'autre, il était impossible d'arriver à une entente.

Les Etats-Unis qui traversaient une crise de pléthore manufacturière auraient accueilli avec joie la perspective d'un nouveau débouché pour les produits de leurs industries. Dès l'instant que cette idée était de prime abord écartée, il n'y avait pas lieu pour le gouvernement américain d'entamer même un échange de vues.

M. Blaine, qui avait suivi la campagne électorale au Canada, savait parfaitement à quoi s'en tenir sur le programme des conservateurs canadiens. Les délégués de la Confédération canadienne, de leur côté, ne s'illusionnaient pas sur le résultat final de leurs démarches ; mais ils tenaient essentiellement à traîner les négociations en longueur, peut-être à passer un projet d'arrangement qui ne serait jamais ratifié par le Parlement d'Ottawa. M. Blaine avait évidemment percé à jour cette intrigue. Il ne lui plut pas de servir de plastron aux ministres du gouvernement de la Confédération voisine. Aussi, dès que la politesse stricte lui permit de congédier M. George Foster et Sir John Thompson, il s'empressa de leur rendre la liberté.

Les journaux libéraux, cependant, signalaient au public l'avortement quelque peu humiliant de la tentative d'arrangement avec les Etats-Unis et le néant des engagements pris avant les élections par le parti conservateur vis-à-vis des fermiers.

C'est en vain que la presse conservatrice appelait bruyamment l'attention du public canadien sur les débouchés considérables qu'offrait le marché anglais pour le bétail, les œufs, les beurres, les fromages, etc. Le mécontentement continuait à se manifester. Les libéraux répondaient victorieusement à leurs adversaires que la situation n'avait pas changé, que l'Angleterre ne faisait aucun avantage aux produits canadiens, puisque dans le Royaume-Uni toutes ces denrées de consommation, quelle que fût leur provenance, n'étaient soumises à aucun droit de douane.

Grâce à un procédé plus ingénieux que loyal, le bétail canadien avait d'ailleurs été écarté du marché anglais. On ne l'avait pas frappé d'un droit de douane prohibitif. Oh non ! La libre échangiste Angleterre ne peut aller contre ses principes. Le système était beaucoup plus simple. Quelques cas de pleuro-pneumonie s'étant déclarés sur les bêtes à cornes dans la province d'Ontario, un simple arrêté administratif défendit l'entrée du bétail canadien *vivant* en Angleterre. Les exportateurs canadiens devaient donc, dès l'arrivée du bétail à Liverpool, faire abattre les animaux dont les poumons étaient soumis à l'inspection des vétérinaires anglais. La viande de tout animal, dont les organes respiratoires n'étaient pas reconnus sains, était détruite.

On voit dans quelles conditions défavorables étaient placés les exportateurs canadiens : Défense de vendre leurs animaux vivants à l'arrivée en Angleterre, où ils auraient pu être mis en bonne condition pour être livrés à la boucherie ; obligation d'abattre des bœufs amaigris par une longue traversée ; nécessité de mettre toute cette viande sur le marché en même temps, lors de l'arrivée du navire, ce qui en faisait baisser le prix. Aujourd'hui l'embargo sur le bétail canadien n'est pas encore levé.

On avait d'ailleurs tenté tous les systèmes pour nuire à l'exportation du bétail canadien. Les cœurs sensibles des gros propriétaires anglais, pourvoyeurs des abattoirs des grands centres du Royaume-Uni, s'étaient attendris au récit des souffrances que les bœufs enduraient à bord des navires pendant les traversées. Une ligue se forma, société protectrice des animaux d'un nouveau genre, et qui fit grand tapage. Elle faillit obtenir la prohibition complète du transport du bétail vivant à bord des navires. On recula cependant devant cette absurdité et on se contenta d'exiger des compagnies de navigation un aménagement spécial pour le transport du bétail avec une réserve de tant de pieds carrés par animal.

Pendant dix ans, sous le régime des traités de 1860, les Anglais ont prétendu de même que le bétail français était atteint de la maladie des pieds et de la bouche, vulgairement appelée *cocotte*, et en ont interdit l'entrée en Angleterre. Les Anglais n'en étaient donc pas à leur coup d'essai.

L'exportation du bétail canadien, ainsi entravée par une hausse considérable sur le prix du fret et par l'obligation d'abattre le bétail dès l'arrivée en Angleterre, cessait d'être une spéculation profitable.

Il faut certes une bien robuste conviction au fermier canadien pour ne pas se rendre compte que John Bull s'amuse à ses dépens et, ce qui est plus grave, le prive des profits légitimes sur lesquels il est en droit de compter. Les yeux toutefois, même des plus aveugles, commencent à se dessiller.

La presse et l'opinion publique continuèrent à réréclamer de nouveaux marchés pour les exportateurs et un abaissement du tarif.

Le cabinet d'Ottawa se trouvait acculé dans ses

derniers retranchements. Une tentative d'arrangement avec les Antilles anglaises n'avait pas mieux réussi que la promenade sans lendemain entreprise à Washington. A moins de négocier avec la Chine et le Japon, qui introduisaient déjà beaucoup de leurs articles sur le marché canadien et recevaient fort peu en retour, la nécessité s'imposait de s'adresser aux pays de la vieille Europe.

Mais là aussi le champ était fort limité.

Nous avons déjà exposé la position prise par la Grande-Bretagne au sujet du plan de la Fédération Impériale.

L'Allemagne et la Belgique, de leur côté, ont avec le Royaume-Uni des traités liant les colonies anglaises et par conséquent le Canada.

On aurait bien pu se tourner vers la France. Mais qu'aurait dit la majorité anglo-saxonne du Parlement d'Ottawa ?

Après avoir bien cherché, le Cabinet présidé par Sir John Abbott jeta son dévolu sur l'Espagne. Les démarches de certains capitalistes anglais qui monopolisent une part importante du commerce des vins de la Péninsule ne furent peut-être pas tout à fait étrangères à cette décision.

Accrédité par le gouvernement d'Ottawa, Sir Charles Tupper, Haut Commissaire du Canada à Londres, prit le chemin de Madrid. Sa mission près du gouvernement espagnol fut aussi infructueuse que les précédentes entreprises du gouvernement canadien. Sur les bords du Manzanarès on ne se montra pas disposé à sacrifier l'intérêt des sujets espagnols pour le seul bénéfice de quelques millionnaires anglais.

Malgré ses tendances très peu gallophiles, le Cabinet fédéral réduit aux abois se décida enfin à frapper à la porte du quai d'Orsay.

CHAPITRE II

Arrêté du Conseil des ministres canadiens autorisant les négociations avec la France.

Au cours de la session de la Chambre des Communes de 1892, M. Foster, ministre des finances, fit prendre un arrêté en Conseil, aux termes duquel le Haut Commissaire du Canada à Londres était autorisé à ouvrir des pourparlers à Paris pour arriver à un arrangement commercial avec la France.

Nous reproduisons ici cet arrêté en Conseil :

Arrêté du Conseil autorisant les négociations

« Sur un mémoire du ministre des finances en date du 13 avril 1892, exposant que dans le cours de l'exercice expiré le 20 juin 1891, il a été déclaré en douane pour la consommation intérieure, au montant de 2.312.143 dollars, des marchandises payant et ne payant pas de droits, importées de France et consistant principalement en articles de fantaisie de différentes sortes, gants, cuirs, laines et lainages, soieries et cotonnades, rubans, objets de cuivre jaune, peaux vertes, brosses, pipes, instruments de musique, spiritueux et vins ; tandis que d'un autre côté il a été, pendant le même exercice, exporté du Canada en France des marchandises de provenance canadienne au montant de 248.854 dollars, dont la moitié était du bois de construction, presque un quart des conserves de homard en boîtes, et le reste principalement de l'asbeste (amiante), de la houille, de la perlasse, des pommes sèches, des conserves de fruits, de la graine de trèfle, des instruments aratoires et des lainages ;

« Le ministre représentant de plus que par une loi récente la France a établi, à côté d'un tarif minimum, un tarif maximum qui s'applique au Canada, imposant (ainsi qu'on le verra en consultant le tableau A ci-joint) sur les exportations du Canada en France des droits plus élevés que ceux dont sont frappés les produits similaires exportés en France de pays jouissant du tarif minimum (comme, par exemple, la Suède et la Norvège), et causant par là une concurrence injuste relativement aux bois de construction et aux autres articles exportés du Canada ;

« Le ministre représentant aussi qu'il a été récemment conclu entre la France et les Etats-Unis un arrangement par lequel la première admet au bénéfice du tarif minimum certaines marchandises des Etats-Unis, telles que les conserves de viandes en boîtes, les fruits de table frais et secs, à l'exception des raisins, les bois de charpente équarris ou sciés, le bois à paver en blocs, les merrains, le houblon, les poires et les pommes tapées, pourvu que les Etats-Unis continuent à admettre en franchise certaines matières brutes de la France et de ses colonies, telles que les peaux, le sucre et la mélasse que l'article 3 du tarif Mac Kinley frapperait d'un droit d'importation, et que, comme on le verra par le tableau B, cet arrangement confère un avantage aux marchandises américaines ; bien qu'une comparaison des tarifs fasse voir que le tarif canadien, en fait de marchandises tant exemptes des droits de douane que sujettes à ces droits, traite les produits français beaucoup mieux que le tarif américain, fait que démontrera à l'instant un examen du tableau C ci-joint, dans lequel sont énoncés les droits respectifs sur certains articles importés de France au Canada, sans compter que les peaux vertes (dont il a été importé de France pour 50.655 dollars pendant le dernier exercice) sont actuellement et ont été admises en franchise, et qu'en outre le Canada traite les marchandises françaises importées, sur le même pied que celles de tous autres pays ;

« Le ministre représentant en outre qu'en favorisant certains produits des Etats-Unis importés en France plus que ne le sont les produits similaires du Canada, la France a établi une différence injuste à l'égard du commerce canadien, et que lui, le dit ministre des finances, ne voit pas pourquoi le Canada ne devrait pas être admis au bénéfice du tarif minimum de France, vu la manière dont il traite les produits de cette dernière ;

« Et le ministre recommandant, par conséquent, qu'il plaise à Votre Excellence faire expédier au Très-Honorable Secrétaire d'Etat pour les colonies une dépêche exposant les faits du cas, puis demandant les bons offices de Sa Majesté en cette affaire, et la priant de vouloir bien nommer, conjointement avec l'ambassadeur de Sa Majesté à Paris, l'Honorable Sir Charles Tupper, baronnet, Haut Commissaire du Canada en Angleterre, plénipotentiaire revêtu des mêmes pouvoirs que ceux à lui conférés relativement aux négociations projetées avec le gouvernement espagnol, afin qu'il puisse être en mesure d'approcher le gouvernement français à ce sujet de la part du Canada.

« Le Comité soumet cette recommandation à l'approbation de Votre Excellence. »

John-J.-Mac Gee,

Greffier du Conseil privé.

CHAPITRE III

Produits du sol et des pêcheries. — Exportations du Canada en France en 1893. — Exportations de la France au Canada.

Avant d'aller plus loin, et pour bien comprendre les intérêts en présence, il semble utile de donner ici un rapide aperçu des principaux articles d'exportation du Canada, et des produits spéciaux que la France importe actuellement dans ce pays.

Le Canada peut, à ce point de vue, se diviser en quatre grandes sections :

1° La Nouvelle-Ecosse, le Nouveau-Brunswick et l'Ile du Prince-Edouard, connus sous le nom de Provinces maritimes ;

2° La province de Québec ;

3° La province d'Ontario ;

4° Les territoires du Nord-Ouest (Manitoba, Assiniboia, Alberta, Saskatchewan et Athabaska) et la province de la Colombie britannique que l'on groupe généralement avec ces territoires.

Une des principales industries des provinces maritimes est la fabrication des conserves de homard et autres produits des pêcheries. Elles importent aussi des bois en quantité très importante. Les gisements de houille les plus considérables du Canada se trouvent dans la Nouvelle-Ecosse.

La province de Québec exploite les bois et les divers produits des forêts et des mines (amiante, mica, phosphates). Elle est grande productrice de foins, beurres et fromages. La préparation des cuirs et la manufacture des chaussures est une spécialité de cette région.

La province d'Ontario, parallèlement à une industrie agricole fort développée, tant au point de vue de la production des céréales qu'à celui de l'industrie beurrière et fromagère, a déjà vu chez elle les arts mécaniques prendre un rapide essor. Plusieurs de ses centres manufacturiers, entre autres London et Halmiton, sont renommés pour la fabrication des appareils de chauffage, des instruments aratoires et des machines à coudre. Les fruits de toute espèce et particulièrement les pommes se récoltent aussi en grande quantité dans cette partie du Canada. Les chevaux qu'on y élève sont très estimés.

Les territoires du Nord-Ouest envoient surtout sur le marché les céréales, les chevaux et le bétail.

La Colombie britannique exploite ses forêts; et c'est sur son territoire que se centralise la fabrication des conserves de saumon.

Les articles que le Canada exporte ou pourrait exporter en France, grâce à certaines réductions de tarifs, se divisent donc, comme on le voit, en deux catégories :

1° Les produits du sol et des pêcheries : bétail, conserves de viande, fromages, lait concentré, conserves de homard et de saumon, bois ;

2° Les produits manufacturés : peaux préparées, chaussures, instruments aratoires, machines à coudre.

Les chiffres suivants feront connaître l'importance de l'exportation de ces diverses productions en 1894.

Produits du sol et des pêcheries

	DOLLARS
ANIMAUX :	
Chevaux	945.660
Bœufs	6.499.597
Moutons	832.666
Divers	69.928
Fromages	15.488.191
Beurre	1.095.588
Œufs	714.054
GRAINES :	
Avoine	1.076.751
Pois	2 391.521
Blé	6.133.452
Diverses	842.304
Bois	18.551.518
Bois équarri	2.590.542
Viandes	3.938.573
Foin	2.601.188
POISSONS :	
Harengs	481.864
Maquereaux	496.020
Saumons	2.597.820
Homards	2.331.660
	69.678.897

Produits manufacturés

Instruments aratoires	465.682
Peaux	1.743.802
Chaussures et articles en cuir	1.764.936

Exportations du Canada en France en 1893

	Dollars
Homards en boîtes.	205.908
Instruments d'agriculture	13.950
Sapins et autres.	84.122
Autres bois et articles en bois	28.446
Graines	13.442
Avoine.	19.898
Blé.	50.546
Foin.	66 359
Valeur totale en 1893. . .	482.671

En 1894, la valeur totale des exportations s'élevait à 544,986 dollars.

D'autre part, les principaux articles importés par la France au Canada sont les suivants : gants, soieries, spiritueux, vins mousseux et non mousseux, tissus de laine, livres, pruneaux, noix et amandes

Exportations de France au Canada en 1893

	Dollars
Livres et publications diverses. . . .	77.276
Brosses et articles de brosserie . . .	20.980
Cotonnades	60.257
Porcelaines et faïences	33.698
Articles de Paris.	96.534
Poisson	34.639
Fruits et noix	55.510
Glaces et articles en verre	39.426
Gants	149.638
Cuirs et articles en cuir.	37.573
Instruments de musique.	19.734
Métaux, minerais et articles manufacturés	73.293
Huiles.	16.584
Instruments d'optique, etc	18.995
Parfumerie, pommades, etc	39.673
Pierres précieuses et imitations . . .	18.389
Graines et racines	26.103
Soie et articles en soie	102.584
Vins et spiritueux	534.444
Tabac,pipes et autres articles à fumer .	34.354
Laine et articles en laine	439.496
	1.929.180

CHAIPTRE IV

Historique des négociations. — Les sociétés de tempérance au Canada. — Les livres français.

Ces prémices posées, passons à l'historique des négociations.

Muni des instructions et des pouvoirs du gouvernement canadien, Sir Charles Tupper se rendit à Paris le 27 octobre 1892. Il fut présenté par Lord Dufferin à M. Ribot, qui mit le Haut Commissaire du Canada en rapport avec trois délégués français :

M. Hanotaux, alors directeur des affaires commerciales au ministère des affaires étrangères;

M. Pallain, directeur des douanes au ministère des finances ;

M. Roume, alors directeur du commerce extérieur au ministère du commerce.

De son côté, le Haut Commissaire du Canada à Londres était secondé dans sa tâche par Sir Joseph

Crowe, premier secrétaire de l'ambassade britannique à Paris.

Sir Charles Tupper arrivait à Paris au moment où à la Chambre des députés un mouvement hostile à la ratification de la convention franco-suisse commençait à se dessiner. M. Austin Lee, deuxième secrétaire de l'ambassade anglaise, qui était au fait de ce courant d'opinion, conseilla à Sir Charles Tupper de se rendre dès le début la presse favorable. Une démarche personnelle près de M. Joseph Reinach lui assura le concours de la *République française.* Ce journal prépara le terrain pour que l'arrangement à intervenir fût reçu avec faveur dans le public.

Jusqu'au 18 novembre les négociations se poursuivirent par tâtonnements sans amener de résultats bien tangibles.

Les correspondances adressées par Sir Charles Tupper à Sir John Abbott, qui alors se trouvait à Londres, permettent de dégager dans leurs grandes lignes les vues du plénipotentiaire canadien.

Le point de départ de Sir Charles Tupper fut la récente convention passée entre le gouvernement de la République des Etats-Unis, et aux termes de laquelle la France, en retour de l'admission en franchise par les douanes américaines du sucre, de la mélasse et des peaux de provenance française, a consenti un équivalent de concessions douanières à des articles américains.

Ces trois articles (sucre, mélasse et peaux), disait le plénipotentiaire canadien, ne sont frappés, à l'entrée au Canada, d'aucun droit de douane. Cet état de choses devait donc, suivant lui, permettre à la France, sans aucune concession de la part du Canada, d'accorder à ce pays les mêmes avantages que les Etats-Unis avaient obtenus par convention.

Sir Charles Tupper fut informé, dès le début, que le tarif minimum dans son entier ne pourrait être concédé au Canada. Il fit cependant remarquer que la moyenne des droits portés au tarif canadien étant moins élevée que celle des droits américains, le Canada avait droit à des concessions plus étendues que les Etats-Unis.

La valeur des marchandises reçues au Canada et provenant de France est dix fois plus considérable que celle des produits sortant du Canada à destination des ports français. Un arrangement commercial sur lequel figureraient tous les produits qui font l'objet d'échanges entre les deux pays, devait donc être beaucoup plus avantageux à la France qu'au Canada.

Le gouvernement canadien, dans son désir de nouer des relations commerciales avec la France, s'était engagé à payer une subvention de 750.000 dollars par an à une ligne de paquebots rapides ayant sa tête de ligne au Canada et son point terminus dans un port français. Cette ligne devait être d'une grande utilité au commerce français, et Sir Charles Tupper espérait que les plénipotentiaires du gouvernement de la République tiendraient compte de ce sacrifice considérable fait par le Canada.

Enfin, au point de vue sentimental,— s'il doit compter pour quelque chose dans une négociation commerciale, — la France ne pouvait manquer de se souvenir qu'il y a au Canada une nombreuse population de langue française qui a conservé beaucoup d'attachement pour son ancienne mère-patrie, et qui aurait accueilli avec plaisir un arrangement de nature à lui assurer des relations plus intimes avec la France.

Le plénipotentiaire canadien avait essayé, au début, d'aborder la question de l'abolition de la surtaxe d'entrepôt. Mais les négociateurs français avaient fait observer, à juste titre, qu'une fois établi le service rapide canadien subventionné permettrait les envois du Canada en France sans rupture de charge. La demande de Sir Charles Tupper devenait donc sans objet.

Aux arguments qu'on vient de lire, les plénipotentiaires français répondirent par l'exposé de vues dont le résumé se dégage des conférences successives.

La France ne pouvait concéder au Canada le tarif minimum en son entier, dans la crainte qu'il ne fût exporté des marchandises des Etats-Unis en France, par la voie du Canada. Mais elle était prête à accorder le bénéfice de ce tarif minimum pour les articles canadiens d'exportation les plus importants, sauf concessions équivalentes par le Canada.

Se référant à la question du sucre, principal objet de la convention entre la France et les Etats-Unis, les délégués français firent remarquer que, si le Canada avait aboli les droits de douane sur le sucre, il avait par contre établi une prime de fabrication en faveur du sucre indigène, c'est-à-dire en faveur des raffineries que dirigeaient MM. Redpath et Drummond.

Les vins, l'un des principaux articles d'importation française, étaient frappés à l'entrée au Canada de droits plus élevés qu'en aucun autre pays du monde, sauf la Russie.

Enfin la moyenne des droits, dont les produits français étaient grevés à l'entrée au Canada, était de 38 à 40 0/0 de leur valeur, tandis que sous le régime des droits minima, la moyenne des droits que devaient avoir à solder les marchandises canadiennes expédiées en France seraient seulement de 11 à 14 °/₀.

Les chiffres des statistiques canadiennes, sur lesquels étaient basés les arguments de Sir Charles Tupper relatifs à l'importance des échanges entre les deux pays, et spécialement ceux concernant les importations de produits canadiens en France, ne correspondaient pas avec les chiffres français. D'après le livre bleu publié à Ottawa, le Canada aurait exporté en France, pendant l'exercice 1893, pour 640,000 francs de bois, tandis que les relevés français accusaient, pour la même période, une valeur de 2,238,000 francs (1).

(1) Cette énorme différence provient sans doute de ce qu'un certain nombre de navires chargent du bois dans les ports canadiens à destination d'un port quelconque en Europe, où ils reçoivent avant leur entrée l'ordre de se rendre en France. De telle sorte que ces bois ne sont plus portés à l'actif du Canada.

La France proposait enfin de concéder aux produits canadiens, à l'entrée aux îles Saint-Pierre et Miquelon, des droits inférieurs à ceux figurant au tarif minimum.

Les plénipotentiaires des deux pays ayant, de part et d'autre, exposé leurs vues et développé les arguments à l'appui de leurs prétentions, abordèrent le fond du débat.

La grosse question pour les Canadiens était d'obtenir le tarif minimum pour leurs bois. L'affaire importante pour les Français était la suppression du droit de 30 0/0 *ad valorem* sur les vins.

La demande du gouvernement français se basait d'ailleurs sur un ordre en Conseil inscrit aux statuts du Canada (année 42e du règne de S. M. la reine Victoria, chap. 15, art. 12), aux termes duquel le gouverneur général peut abolir, par simple proclamation, le droit de 30 0/0. *ad valorem* sur les vins.

Sir Charles Tupper qui, au début des négociations, avait décliné d'entrer dans cet ordre d'idées, consentit enfin à négocier sur cette base; mais, sous aucun prétexte, il ne voulait transiger en ce qui concernait les cognacs, à cause de l'opposition que n'auraient pas manqué de soulever les sociétés de tempérance.

Au Canada, comme dans bien d'autres pays, ces sociétés ont presque toutes pour mobiles des intérêts commerciaux. Elles opèrent suivant la tradition constante des méthodistes qui, sous prétexte de religion, font en Afrique le commerce des armes et celui de l'opium en Chine. Au Canada, ce sont des fabricants indigènes qui les soutiennent clandestinement, dit-on, leur intérêt direct étant de voir leur industrie protégée par des droits de douane prohibitifs. Ce n'est peut-être là qu'une affreuse calomnie. Toujours est-il que, lorsque la douane canadienne saisit des spiritueux de contrebande et les vend aux enchères publiques, une certaine presse entame aussitôt une campagne belliqueuse contre le gouvernement, et demande à grands cris que les alcools de contrebande soient détruits, et non vendus, pour le plus grand bénéfice des quelques industriels qui ont pour ainsi dire le monopole de la fabrication des alcools au Canada.

Il y avait encore un article pour lequel le gouvernement canadien, auquel en référait son plénipotentiaire, se montrait inexorable.

Les livres français ne trouvaient pas grâce devant lui. Impossible de faire dégrever cet article de 5 0/0 seulement! Le gouvernement canadien redoutait l'expansion de nos idées avancées et considérées par lui comme subversives. Le volume in-8° français qui coûte au Canada un dollar ne peut être lu que par une classe privilégiée et nécessairement restreinte. Il fallait bien se garder d'en mettre le prix à la portée de tous.

A ce propos, nous ne pouvons résister au plaisir de relater ici un fait peut-être unique dans l'histoire des peuples modernes.

A la suite de la cession du Canada à l'Angleterre, les rapports, même commerciaux, entre la France et son ancienne colonie avaient été complètement interrompus. Ils ne commencèrent à se renouer qu'en 1859, lors de la visite à Québec de la frégate française « la Capricieuse ». Durant cet intervalle de près d'un siècle, on n'avait pas reçu au Canada de livres français. Les élèves des collèges devaient copier leurs cours sur ceux de leurs prédécesseurs. Trois générations successives eurent cette incroyable persévérance. Qu'on dise après cela que la conservation de notre langue par le peuple canadien n'est pas un exemple héroïque ! Si la langue française au Canada n'est pas toujours aussi pure que dans la mère-patrie, celui-là aura le droit de jeter la première pierre aux Canadiens-français qui pourra invoquer à son actif le quart de la persévérance déployée pendant un siècle par nos frères des bords du Saint-Laurent.

Une fois limitées au dégrèvement de part et d'autre d'articles d'une valeur équivalente, les négociations prirent une allure plus décidée.

Dans les derniers jours de novembre, M. George Foster avait rejoint Sir Charles Tupper à Paris ; et c'est d'accord avec lui que furent continuées les négociations jusqu'à la rédaction de l'avant-projet d'arrangement daté du 22 novembre 1892, et dont il emporta le texte avec lui.

Sur ces entrefaites, au commencement de décembre, Sir John Thompson avait succédé à Sir John Abbott comme premier ministre. Il gardait presque tous les mêmes collègues que son prédécesseur, mais créait un portefeuille du commerce qui était confié à M. Mackenzie Bowell, auquel Sir Charles Tupper adressa dès lors sa correspondance.

M. George Foster étant reparti pour le Canada, et

le projet d'arrangement qu'il emportait devant être soumis au Conseil des ministres, il s'en suivit une interruption dans les négociations. La correspondance entre le gouvernement d'Ottawa et Sir Charles Tupper se borna à l'échange de quelques télégrammes.

CHAPITRE V

Texte du traité de commerce. — Additions à ce traité. — Lettre de M. Develle. — Lettre du marquis de Dufferin.

Le 18 janvier, le plénipotentiaire canadien rentra à Paris. Après avoir soumis le projet de traité définitif au gouvernement anglais, et avoir reçu de ce dernier les autorisations nécessaires, il signa l'arrangement avec la France, le 6 février 1893.

Le texte de cet arrangement est ainsi conçu :

« Le président de la République française et Sa Majesté la Reine du Royaume-Uni, également animés du désir d'améliorer et étendre les relations commerciales entre la France et le Canada, ont résolu de conclure un arrangement à cet effet et ont nommé pour leurs plénipotentiaires respectifs. . . . .

. . . .

lesquels après s'être communiqué leurs pleins pouvoirs respectifs, sont convenus des articles suivants :

ARTICLE PREMIER

« A leur entrée au Canada, les vins mousseux et non mousseux, les savons communs, savons de Marseille (castle soaps) et les noix, amandes, prunes et pruneaux d'origine française, bénéficieront des avantages suivants :

« 1° Les vins non mousseux titrant 15° de l'alcoomètre centésimal ou moins (soit, d'après l'équivalent canadien, 26 0/0 d'alcool ou moins), et tous les vins mousseux seront affranchis de la surtaxe ou droit *ad valorem* de 30 0/0.

« 2° Le droit actuellement applicable aux savons communs, savons de Marseille (castle soaps) sera réduit de moitié.

« 3° Le droit actuellement applicable aux noix, amandes, prunes et pruneaux sera réduit d'un tiers.

ARTICLE 2

« Tout avantage commercial accordé par le Canada à un Etat tiers, notamment en matière de tarif, sera de plein droit étendu à la France, à l'Algérie et aux Colonies françaises.

Article 3

« A l'entrée en France, en Algérie et dans les Colonies françaises, les articles suivants, importés directement de ce pays et accompagnés de certificats d'origine, seront admis au bénéfice du tarif minimum :

« Conserves de viandes en boîtes;
« Lait concentré pur;
« Poissons d'eau douce, anguilles;
« Poissons conservés au naturel;
« Homards et langoustes conservés au naturel;
« Pommes et poires fraîches, sèches ou tapées :
« Fruits de table conservés et autres;
« Bois à construire bruts ou sciés;
« Pavés en bois;
« Merrains;
« Pâte de bois (cellulose);
« Extrait de châtaignier et autres sucs tanins;
« Papiers communs (à la mécanique);
« Peaux préparées, autres, entières;
« Bottes, bottines et souliers;
« Meubles en bois communs;
« Meubles autres que sièges massifs et communs;
« Lames de parquet en sapin ou autre bois tendre;
« Bâtiments de mer en bois.

« Il est entendu que toute réduction de droit accordée à un autre Etat quelconque sur l'un des articles énumérés ci-dessus sera étendue de plein droit au Canada.

ARTICLE 4

« Le présent arrangement, après avoir été adopté par le Parlement du Canada et par les Chambres françaises, sera ratifié, et les ratifications en seront échangées à Paris aussitôt que faire se pourra. Il entrera en vigueur immédiatement après l'accomplissement de cette formalité et demeurera exécutoire jusqu'à l'expiration d'un délai de douze mois après que l'une ou l'autre des parties contractantes aura notifié son intention d'en faire cesser les effets.

« Il est d'ailleurs convenu que, si les vins non mousseux étaient ultérieurement l'objet d'un relèvement de droit à l'entrée au Canada, le gouvernement français pourrait, en dénonçant le présent arrangement, en faire cesser immédiatement les effets, sans attendre l'expiration du délai de douze mois prévu ci-dessus. »

Fait à Paris le 6 février 1893.

SIGNATURES.

Clauses additionnelles

Cet arrangement était complété par l'échange de deux lettres qui en augmentaient l'étendue.

La première, adressée par M. Develle, ministre

des affaires étrangères au marquis de Dufferin et Ava, et à Sir Charles Tupper contenait les passages suivants :

« Le gouvernement fédéral s'engagerait d'une part à maintenir le bénéfice de la franchise inscrite dans l'article 764 du tarif canadien en ce qui concerne les tableaux et aquarelles faits par les artistes d'un mérite avéré et les copies des grands maîtres par les dits artistes, et d'autre part, à réduire de 20 à 5 0/0 le droit inscrit dans l'article 308 du même tarif relativement aux tableaux, estampes, gravures et plans d'architectes.

« En échange, le gouvernement français consentira de son côté, à ajouter les fromages sur la liste des articles d'origine canadienne qui, aux termes de l'article 3 de l'arrangement signé aujourd'hui, doivent être admis en France, en Algérie et dans les Colonies françaises au bénéfice du tarif minimum. »

L'acceptation de cette addition à l'arrangement restait facultative de part et d'autre.

Dans la même lettre, M. Develle prenait acte du vote par le Parlement d'Ottawa d'une somme de 100.000 livres sterling comme subvention à un service rapide de paquebots dont le point de départ serait un port canadien, et le port terminus un port français. Il est à remarquer que le premier chiffre voté par la Chambre des Communes était de 150.000 livres sterling. C'est le chiffre que donnait Sir Charles Tupper au commencement de sa correspondance. Comment se trouvait il modifié ?

Enfin M. Develle terminait sa lettre ainsi :

« Vous m'avez demandé, en outre, de prendre en considération les intérêts des exportateurs canadiens en ce qui concerne les droits d'entrée à Saint-Pierre et Miquelon. J'ai l'honneur de vous informer qu'il a été particulièrement tenu compte de ces intérêts dans la discussion qui a eu lieu devant le conseil d'Etat et que le décret spécial rendu sur l'avis de cette assemblée, est dès à présent en vigueur. »

La seconde lettre adressée par le marquis de Dufferin et Ava et Sir Charles Tupper à M. Develle, accusait réception de celle qui précède et confirmait les déclarations qui s'y trouvaient contenues concernant les tableaux, estampes, etc., d'une part, et les fromages, d'autre part. Elle réitérait de plus les assurances données par le gouvernement canadien relativement au subside de 100.000 livres sterling à une ligne rapide de paquebots entre les deux pays.

CHAPITRE VI

Continuation des négociations. — Le traité de commerce devant le Parlement fédéral. — Hésitations et étranges contradictions de M. George Foster. — Son incorrection au point de vue diplomatique. — Ratification finale.

Une convention conclue sous d'aussi heureux auspices, conduite à bonne fin à la suite de pourparlers, au cours desquels les plénipotentiaires avaient entretenu les plus agréables rapports et avaient appris à se connaître et à s'estimer, semblait devoir être, sur la recommandation du cabinet fédéral, approuvée au premier jour par le Parlement du Canada et ratifiée par le gouvernement canadien.

Les Chambres étaient réunies à Ottawa. L'heure était propice.

Dans le courant de février toutefois, par une fâcheuse coïncidence, Sir John Thompson dut se rendre à Paris pour seconder de ses conseils les avocats du Royaume-Uni appelés à défendre les intérêts anglais et canadiens devant le tribunal arbitral de la mer de Behring.

M. George Foster, ministre des finances, prit la direction des affaires pendant l'absence de Sir John Thompson. A plusieurs reprises on lui demanda de déposer le traité sur le bureau du Parlement. Mais les documents n'étaient jamais prêts. L'affaire était toujours remise à quelques jours. Que s'était-il passé ? Le gouvernement d'Ottawa voulait-il se donner le temps de réfléchir ? On ne peut à cet égard que faire des hypothèses. Il est possible que M. George Foster et M. Mackensie Bowel aient trouvé que Sir Charles Tupper avait donné sa signature avec trop de précipitation et sans attendre les instructions définitives du cabinet d'Ottawa. Le 6 février, en effet, le jour même de la signature de l'arrangement, Sir John Thompson, qui alors n'était pas encore parti pour Paris, adressait au plénipotentiaire canadien le télégramme suivant :

« Ottawa, 6 février 1893.

« Pas reçu de projet. Il ne sera rien fait en vue « de la ratification du traité, tant que nous n'aurons « pas télégraphié approbation. Pour le moment, nous « ne pouvons pas comprendre quelles conditions sont « proposées de part et d'autre.

« THOMPSON. »

Ce télégramme arriva à Paris après l'échange des signatures. Il semble indiquer qu'aux yeux du gouvernement canadien, Sir Charles Tupper prenait une trop grande liberté d'allures. Le cabinet d'Ottawa avait-il voulu manifester sa mauvaise humeur en mettant du retard à accepter l'œuvre de son plénipotentiaire?

Toutes les conjectures sont permises. Il paraît toutefois certain, d'après les renseignements que nous tenons de bonne source, qu'il y avait dans le cabinet fédéral deux partis, l'un favorable au traité, l'autre défavorable, et que les tiraillements entre ces deux fractions qui avaient le plus grand mal à s'entendre, ont été la cause des ajournements successifs du débat public.

Aussitôt qu'il eut connaissance des hésitations de

M. George Foster, Sir Charles Tupper mit en campagne les journaux dont il pouvait disposer au Canada, et ceux-ci pressèrent vivement le cabinet d'Ottawa de soumettre le traité français au Parlement. Certains de ces organes allaient même jusqu'à laisser entendre que, si l'arrangement du 6 février n'était pas déposé sur le bureau des Chambres, cela pourrait exercer une influence sur l'attitude du baron de Courcel, président du tribunal arbitral dans l'affaire de la mer de Behring.

Sir John Thompson, ainsi que nous l'avons vu, se trouvait alors à Paris et, en toute autre circonstance, notre ministre des affaires étrangères lui eût peut-être demandé d'insister auprès de M. George Foster pour la soumission de la convention commerciale à la ratification du Parlement canadien ; mais la situation était trop délicate. Il eût semblé que M. Develle tentât une sorte de pression sur le premier ministre du Canada. Aussi, si nous sommes bien informé, s'abstint-on à Paris de formuler devant lui la moindre allusion à l'attitude de M. George Foster.

La session parlementaire, pendant ce temps, suivait son cours à Ottawa. Le 13 mars, pressé tant par ceux qui avaient hâte de voir ratifier l'arrangement commercial, que par d'autres dont l'intention était, au contraire, de s'emparer de cette occasion pour critiquer la politique du gouvernement, M. George Foster consentit à donner quelques explications sur la nature et la portée de la convention commerciale avec la France.

L'attitude du ministre, en abordant cette question, était pleine de réticence et d'embarras. Il sentait que, s'il se prononçait résolument en faveur de l'adoption du traité, il allait tourner contre lui tous les gallophobes du Canada. Et ils sont nombreux ! D'autre part, prendre une attitude défavorable à la convention, c'était désavouer le plénipotentiaire canadien et son œuvre, procédé contraire à tous les usages internationaux, manque d'égards envers Sir Charles Tupper, homme politique puissant, dont le gouvernement ne s'aliénerait pas impunément le concours, ainsi que nous l'avons montré au commencement de cette étude.

Ce dilemme plongea le ministre des finances dans une étrange perplexité. Aussi ses déclarations furent-elles parfois contradictoires, et sa manière de voir sujette à des revirements inattendus.

Dans cette séance du 13 mars, M. George Foster exposant à la Chambre des communes les principales clauses du traité se borna, loin d'en mettre en lumière les avantages, à en faire ressortir les côtés faibles.

Résumons en quelques mots les principaux points de son argumentation :

« Le tarif minimum français, disait-il, a été fixé presque au même taux et, dans plusieurs cas, au-dessus du taux de l'ancien tarif général, après quoi la France est venue dire aux autres pays : Si vous voulez traiter avec nous et nous accorder certaines réductions de droits, nous vous donnerons le bénéfice de notre tarif minimum. » C'est là jeu d'enfant auquel on ne saurait se laisser prendre.

« La France accorde au Canada la clause de la nation la plus favorisée pour ce qui concerne les articles mentionnés dans le traité. Le Canada, au contraire, concède à la France le traitement de la nation la plus favorisée, non seulement pour les articles mentionnés à l'arrangement, mais encore pour tous les articles de son tarif. L'engagement n'est pas synallagmatique. Il n'était pas dans l'intention du gouvernement, faisait observer M. George Foster, d'accorder à a France le traitement de la nation la plus favorisée pour d'autres articles que ceux mentionnés au traité.

« Quant aux réductions au-dessous du tarif minimum concernant les îles de Saint-Pierre et Miquelon, la proclamation du gouvernement français donne le béuéfice de ces réductions à l'univers entier. Ce n'est plus une concession en faveur du Canada.

« L'arrangement stipule l'application du tarif minimum à l'entrée en France des navires en bois de provenance canadienne ; mais, depuis l'échange des signatures, la France a, par une loi, établi une prime en faveur des navires de construction indigène, ce qui vient à réduire à néant l'avantage précédemment accordé au Canada.

« Enfin, les provisions concernant les savons de Marseille, le homard et le poisson d'eau douce, sont rédigées de façon ambiguë. Il semble au ministre des finances que l'arrangement accorde une réduction de droits à l'entrée au Canada, non seulement aux savons de Marseille, comme cela devait être, mais à tous les savons communs.

« Quant aux saumons et aux homards, le traité ne paraît s'appliquer qu'à ceux conservés sous leur *forme naturelle*, tandis qu'à l'entrée en France le

4

bénéfice du tarif minimum devrait être étendu aux saumons et homards en boîtes. »

M. George Foster terminait ainsi son discours :

« Et, en attendant que nous ayons reçu des assurances plus satisfaisantes que celles que nous avons au sujet des articles dont je viens de parler, je ne demanderai certainement pas à la Chambre de ratifier ce traité. »

A la fin de la même séance, dans ses réponses à M. Wilfrid Laurier et à différents autres membres de l'opposition, M. George Foster, défendit au contraire le traité, et reconnut qu'il contenait des stipulations avantageuses pour le Canada.

« En ce qui concerne les bois, il est vrai, disait le ministre des finances, que la différence entre l'ancien tarif général français et le tarif minimum actuel est faible. La marge cependant était suffisante, d'après ce que lui avaient déclaré les négociants en bois, pour leur permettre d'entamer des affaires avec la France.

« Il ne faut pas, ajoutait-il d'autre part, se préoccuper autrement de la clause de la nation la plus favorisée. Le Canada pourra, s'il le juge opportun, s'affranchir des obligations que lui impose cette stipulation, en dénonçant l'arrangement un an à l'avance.

« Enfin, disait-il, si le tarif minimum est presque aussi élevé que l'ancien tarif général, il n'en est pas moins vrai que c'est le tarif le plus bas auquel quoi que ce soit puisse entrer en France ; si sur cinquante pays, quarante-cinq n'ont pas le bénéfice du tarif minimum, et si les cinq autres l'ont, le commerce nécessité par la consommation de la France est livré à la concurrence des cinq derniers pays. A l'heure actuelle, cela est très avantageux. Par exemple, la Suède et la Norvège jouissent du tarif minimum, et pourtant elles font un commerce de bois avec la France. »

Répondant à une autre question, le ministre des finances déclara que l'Angleterre, l'Allemagne et la Belgique, qui ont avec le Canada la clause de la nation la plus favorisée, bénéficiaient à ce titre de l'arrangement avec la France. Les plénipotentiaires, ajoutait le ministre des finances, connaissaient cet état de choses et l'avaient accepté.

Passons maintenant en revue les arguments de M. George Foster contre le traité et examinons leur valeur :

1° *Élévation du tarif minimum.* — M. George Foster, comme nous venons de le voir, avait refuté victorieusement dans sa réponse à M. W. Laurier la critique formulée par lui au commencement de la séance.

2° *Clause de la nation la plus favorisée.* — Le traitement de la nation la plus favorisée pour les articles en dehors de l'arrangement ne pouvait être accordé par la France au Canada, pour les mêmes raisons qui s'opposaient à l'octroi à ce pays du tarif minimum dans son entier, et que les négociateurs français développèrent à Sir Charles Tupper, au début des pourparlers entamés à Paris. Si, d'autre part, la France demandait au Canada le traitement de la nation la plus favorisée pour tous les articles de son tarif, c'est que cette concession avait déjà été faite à d'autres nations européennes, l'Allemagne et la Belgique.

3° *Tarif de Saint-Pierre et Miquelon.* — L'organisation du service douanier aux îles Saint-Pierre et Miquelon ne permettait pas qu'on y appliquât plusieurs tarifs. C'est pourquoi le gouvernement français avait concédé à tous les pays les réductions de tarif promises au Canada dans cette colonie. M. George Foster, d'ailleurs, reconnut lui-même qu'en raison de la proximité de ces îles, les négociants canadiens étaient plus à même que ceux des autres pays, de bénéficier des réductions établies par la récente proclamation.

4° *Importation des bâtiments en bois canadiens.* — L'objection soulevée par le ministre des finances tombait d'elle-même. La loi, établissant en France la prime à la construction, date du 30 janvier 1893. Elle est insérée au *Journal Officiel* du 31 janvier ; et l'engagement commercial franco-canadien fut signé seulement le 6 février de la même année. L'insinuation de mauvaise foi dirigée sur ce point par M. George Foster contre le gouvernement français se retournait dès lors contre son auteur.

5° *Difficultés concernant les savons, les homards et les poissons d'eau douce.* — Au cours de la séance du 30 mars, M. George Foster reconnut lui-même que les saumons et homards en boîtes étaient bien compris dans l'arrangement. Les doutes exprimés par lui provenaient d'une erreur de traduction.

La question des savons de Marseille n'était pas encore très claire dans son esprit.

En résumé, il est facile de voir que M. George Foster avait, dans son premier exposé, donné aux objections qui, suivant lui, s'opposeraient à la ratification du traité français, une importance exagérée.

Dans la séance du 30 mars, M. George Foster revint sur ses déclarations à la séance du 27. Il essaya d'en atténuer la portée et de retirer des paroles, peut-être imprudentes et dans tous les cas peu courtoises qu'il avait prononcées.

« *Je crois*, déclarait-il, *qu'il est regrettable* qu'on « ait télégraphié en Europe, immédiatement après « ma déclaration, que j'avais positivement dit que « le gouvernement canadien ratifierait le traité fran- « çais cette année .»

Il ajouta plus loin :

« On a dit que le gouvernement canadien, en fai- « sant cette déclaration qu'il n'avait pas faite, « avait causé de l'ombrage à Londres et à Paris. Je « suis heureux de pouvoir avancer que cette rumeur « est sans fondement. Des explications ont été don- « nées sur ce qui a été dit et il n'existe, ni à Londres, « ni à Paris, aucun sentiment pouvant justifier un « bruit de cette nature. »

A la fin de ce discours, M. George Foster faisait observer que, suivant lui, il restait à applanir une grave difficulté, celle relative aux articles conférant sur une base inégale le traitement de la nation la plus favorisée à la France et au Canada. Sir Charles Tupper, disait-il, n'était pas autorisé à faire cette concession.

La session parlementaire fut close ce jour-là (30 mars), et la ratification du traité fut par conséquent renvoyée à l'année suivante.

Nous ne pouvons nous empêcher de signaler la contradiction manifeste que nous relevons dans les déclarations faites par M. George Foster relativement à la ratification de l'arrangement commercial, au cours des séances des 27 et 30 mars. Pour s'en rendre compte, il suffit de comparer les extraits officiels, que nous avons donnés, des discours prononcés par le ministre des finances dans ces deux séances.

Nous ajouterons que, contrairement aux vues optimistes exprimées par ce dernier, il semble qu'à Paris et à Londres, on ait été vivement froissé de son étrange façon d'agir. Dénoncer, lui, membre d'un gouvernement, un traité conclu par le plénipotentiaire de ce gouvernement, est un acte si bizarre qu'il n'existe, à notre connaissance, aucun précédent de cette nature dans les rapports internationaux entre puissances civilisées.

Lord Dufferin et le Secrétaire d'Etat au Colonial Office ressentirent profondément, dit-on, le rôle singulier qu'on leur fit jouer en toute cette affaire.

Quant à Sir Charles Tupper, on devine aisément le dépit qu'il dut ressentir de s'être vu, pour ainsi dire, désavoué par le premier ministre canadien. Il n'en laissa rien paraître cependant. A toutes les questions que lui posèrent les reporters canadiens au sujet d'un prétendu différend qui se serait élevé, d'après le « Halifax Herald », entre Sir John Thompson et lui, Sir Charles Tupper répondit qu'il n'y avait pas le moindre désaccord entre lui et le premier ministre. Mais on pouvait prévoir qu'il aurait à cœur de faire ratifier par le Parlement fédéral le traité de commerce qu'il avait signé avec la France, et qu'il saurait user de son influence incontestable pour amener à ses vues Sir John Thompson et M. George Foster.

Comme nous l'avons déjà fait remarquer, Sir Charles Tupper est l'homme le plus considérable et le plus populaire des provinces maritimes. C'eût donc été chose grave de la part du premier ministre et du ministre des finances de se mettre mal avec lui à la veille des élections. Ne pas soumettre le traité aux Chambres, ou ne pas l'appuyer devant elles, eût été une offense personnelle à l'adresse du négociateur de cette convention, et il nous paraissait invraisemblable que Sir John Thompson et M. George Foster, en pareille conjonction, s'aliénassent de propos délibéré l'amitié du Haut Commissaire du Canada à Londres.

Après être resté longtemps dans le *statu quo*, la question finit en effet par être tranchée. L'année dernière, les Chambres canadiennes ratifièrent le traité de commerce signé par Sir Charles Tupper. M. Hanotaux, qui avait préparé ce traité, eut aussi l'honneur de le soutenir devant la Chambre des députés en sa qualité de ministre des affaires étrangères. Il n'eut pas de peine à faire ressortir que ce traité était de beaucoup plus profitable à la France qu'au Canada, qui y trouvait toutefois certains avantages. Il fit vibrer aussi la corde patriotique en évoquant le souvenir de nos frères du Canada, qui se montraient si désireux de se rapprocher de leur ancienne mère-patrie. Confiant dans la compétence de M. Hanotaux et séduite par une argumentation serrée et précise, qui est le propre de notre jeune ministre des affaires étrangères, le Parlement français ne souleva aucune objection et ratifia par acclamation, pour ainsi dire, le traité de commerce avec le Canada.

DEUXIÈME PARTIE

DÉVELOPPEMENT DES RELATIONS

ENTRE LA FRANCE ET LE CANADA

DÉVELOPPEMENT DES RELATIONS

ENTRE

LA FRANCE ET LE CANADA

CHAPITRE Ier

Situation du commerce français au Canada par rapport à celui des autres pays. — Efforts de M. Hanotaux. — Le futur rôle de nos consuls. — Difficultés d'une émigration française.

M. Hanotaux s'est-il fait réellement illusion sur les conséquences de ce traité de commerce et les avantages que la France pourrait en retirer ? A-t-il réellement pensé que les relations commerciales entre les deux pays allaient se développer au point que le commerce français ne pouvait manquer de sortir de l'infériorité aussi peu naturelle que décourageante dans laquelle il se trouve par rapport à celui des autres pays qui font des échanges avec le Canada? Le tableau ci-dessous montrera, en effet, quel rang occupe le commerce français dans un pays où sur une population de 4,833,230 habitants on ne compte pas moins de 1,500,000 Canadiens français, tous gens de notre race, parlant notre langue et animés à notre égard de la sympathie la plus vive et la plus touchante :

Importations et Exportations des différents pays au Canada en 1894.

	IMPORTATIONS DES	EXPORTATIONS AUX
Etats-Unis. . . . . $	62.907.431	35.809.940
Angleterre	38.747 249	68.538.856
Colonies anglaises . .	2.857.020	6.202.022
Allemagne	5.871.065	2.046.052
France.	2.510.379	544.986
Chine	1.162.225	511.331
Japon	1.413.814	29.318

Viennent ensuite l'Espagne, la Belgique, l'Italie, la Hollande, etc..., qui complètent le chiffre de 104,161;770 dollars auquel s'est élevé le total des exportations, et celui de 113,093,983 dollars auquel s'est élevé le total des importations dans cette même année.

M. Hanotaux pouvait-il espérer que dans un temps plus ou moins éloigné la France allait conquérir cette clientèle de près de 1,600,000 Canadiens français, clientèle qui n'a guère varié durant les quinze dernières années, puisque le chiffre des importations de France au Canada qui était de 2,097,358 dollars en 1882, était de 1,929,180 dollars en 1893, et de 2,510,379 dollars en 1894.

M. Hanotaux, qui a longtemps dirigé les affaires commerciales au ministère des affaires étrangères, ne pouvait, selon nous, se faire beaucoup d'illusions à cet égard. Quelque éloigné et quelque peu sensible cependant que dût être le résultat de cet arrangement commercial, cette tentative méritait d'être encouragée et soutenue. Cela était d'autant plus facile à M. Hanotaux que, grâce à sa diplomatie, il était parvenu à ne faire aucun sacrifice en échange d'avantages réels.

Il dépend de nos commerçants et de nos industriels d'en tirer parti. Mais il est juste de reconnaître que M. Hanotaux s'est loyalement efforcé de les mettre à même d'en bénéficier.

C'est en effet à M. Hanotaux qu'est due l'heureuse innovation d'un bureau de renseignements commerciaux au ministère des affaires étrangères. Il n'a pas cru que ce fût une déchéance pour nos représentants à l'étranger que de descendre de cette sorte d'olympe diplomatique et politique, où ils se cantonnaient si volontiers, sur le terrain pratique des affaires dont vivent et continueront à vivre les nations productrices. Durant leur séjour à Paris, nos consuls sont invités à fournir à nos négociants et à nos industriels tous les renseignements qu'ils peuvent désirer sur les pays auprès desquels ils sont accrédités. Nous n'en sommes pas encore arrivés, il est vrai, au point où en sont arrivés certains pays dont les consuls se trouvent matériellement intéressés, avec l'assentiment de leur gouvernement, à développer les relations commerciales de leur pays. C'est cependant à ce système que nous devons d'avoir vu d'importantes affaires recherchées et finalement subtilisées à l'industrie française par des consuls étrangers.

Au Canada, par exemple, tous les ponts métalliques construits depuis quinze ans sont l'œuvre de l'industrie belge qui accordait cinq pour cent au consul de Belgique sur la totalité des travaux que lui avait valus son active intervention.

Ce système est-il compatible avec l'idée que nous nous faisons en France de la dignité professionnelle? Toujours est-il que nos agents à l'étranger se trouvent de ce fait dans un état d'infériorité manifeste vis-à-vis de ceux des autres nations qui, pour être plus pratiques, n'en sont pas moins fières et moins respectées. Les mœurs de certains pays nécessitent de la part des représentants des nations étrangères des frais de représentation très-élevés ; or, chacun connaît la modicité des appointements et des frais de représentation alloués à nos agents à l'étranger. Il devient donc de plus en plus nécessaire ou de ne choisir ceux-ci que parmi ceux qui ont le privilège de posséder une grosse fortune et le désir de la sacrifier au bien public, ou de mettre nos représentants moins fortunés à même de lutter contre leurs rivaux sur le terrain même où ces derniers se placent pour enlever à notre commerce et à notre industrie les débouchés auxquels l'un et l'autre peuvent prétendre.

La première de ces mesures n'est guère conforme à l'esprit démocratique du régime sous lequel nous vivons. Il convient donc d'augmenter notablement la part du budget des Affaires Etrangères affectée au personnel diplomatique et consulaire, ou de faire tout simplement ce que font les autres nations. Les idées d'économie des rapporteurs des différents budgets sont légendaires ; et d'autre part nous ne nous dissimulons pas ce que la dernière innovation dont nous parlons ferait pousser de hauts cris à nos moralistes en chambre qui, parodiant le mot de Talleyrand à un de ses agents, ne voient peut-être pas pour notre industrie et notre commerce la *nécessité de vivre*. Nos rivaux travaillent cependant sans cesse, et sans s'arrêter aux scrupules qui nous arrêtent. Lorsque la tradition déjà fortement battue en brèche pèsera d'un poids moins lourd au quai d'Orsay, et que les derniers et lointains échos des scandales de Panama auront permis à nos gouvernants de se montrer moins timorés et plus clairvoyants par cela même, il sera peut-être possible à un ministre courageux de réaliser cette innovation qui est une des causes, et non la moindre, du succès de quelques-uns de nos voisins. En attendant, il convient de féliciter M. Hanotaux de l'intelligente initiative qu'il a prise.

M. Kleczowski, consul général de France au Canada, et M. Durand, vice-consul de France à Montréal se sont tour à tour tenus à la disposition de nos négociants et de nos industriels. Et, pour éviter même à ces derniers le dérangement de venir à Paris, nos représentants au Canada se sont transportés dans les principaux centres qui sont le mieux à même de bénéficier du nouveau traité de commerce.

De son côté, M. Hector Fabre, commissaire général du Canada à Paris, n'a cessé de seconder les efforts de notre ministre des affaires étrangères, en aidant de ses conseils éclairés tous ceux de nos compatriotes qui s'adressaient à lui avec le désir d'émigrer au Canada soit comme colons, soit comme négociants ou industriels. M. Hector Fabre, esprit aussi sceptique qu'affable, n'a pas dû non plus s'illusionner beaucoup sur l'efficacité de ses conseils, qui auront eu cependant le précieux avantage de développer les sympathies entre les deux pays.

Quoi qu'il en soit, nous croyons pouvoir démontrer que l'arrangement commercial que la France a conclu avec le Canada n'est, au point de vue de ce dernier pays, qu'une phase absolument secondaire dans son orientation économique.

Nous aurons à examiner encore s'il n'a pas été uniquement la manœuvre d'un parti désireux de se maintenir au pouvoir. Mais notre propre expérience des affaires canadiennes nous amène à dire que la question vitale pour la Confédération canadienne est le régime qui règlera ses transactions avec sa puissante voisine.

Nous irons plus loin; et nous dirons qu'à un point de vue exclusivement français, l'établissement d'un régime permettant la liberté absolue des transactions entre le Canada et les Etats-Unis qui, à eux deux, se partagent les huit dixièmes du continent américain, nous paraît désirable.

CHAPITRE II

Réponse à quelques objections. — Lettre du marquis de Lorne.

Une objection ne peut manquer de naître dès maintenant dans l'esprit de ceux qui ont lu notre ouvrage sur le *Canada et l'Emigration française*, et de ceux-là mêmes qui auront seulement parcouru cette étude. Ces derniers se demanderont comment un Français, s'il a quelque souci des intérêts français, préconise le libre-échange entre le Canada et les Etats-Unis. Les premiers nous accuseront de nous mettre ainsi en contradiction avec les idées que nous avons émises en 1884. A ceux-ci nous déclarerons tout d'abord que nous n'aurions aucun scrupule à confesser une erreur que nous aurions commise, si une plus grande expérience ou une connaissance plus approfondie des causes et de leurs effets nous avait démontré notre erreur. Il n'y a, dit-on, que les imbéciles qui ne changent pas d'avis, et nous ne voudrions pas mériter cette épithète.

En 1884, nous avons parlé à un point de vue exclusivement canadien-français, pensant que l'intérêt de la France sur le continent américain était lié au sort des Canadiens français. Nous avons même encouru alors de la part de quelques compatriotes le reproche de nous être montré plus Anglais que Français, en soutenant que les Canadiens français avaient plus à gagner à rester sous la domination anglaise qu'à courir les risques de l'indépendance du Canada et de l'annexion aux Etats-Unis qui en eût été la conséquence lointaine mais fatale. L'œuvre accomplie en un siècle par la race française sur le continent américain avait provoqué chez nous un tel enthousiasme que nous nous étions presque uniquement préoccupé du maintien de l'intégralité des privilèges et prérogatives qui avaient permis aux Canadiens français d'atteindre le degré de développement auquel ils sont arrivés. Or l'Angleterre professe pour ces privilèges et prérogatives, que les Canadiens considèrent comme des droits imprescriptibles désormais, un respect qui dénote de sa part un esprit profondément politique. Nous n'en voulons pour preuve que la lettre que nous adressa le marquis de Lorne, ancien gouverneur général du Canada, aussitôt après la publication de notre premier ouvrage sur la Confédération canadienne. Nous la reproduisons ici textuellement, car elle est aussi curieuse que suggestive.

Palais de Kensington.
Londres, 28 novembre 1884.

Cher Monsieur,

J'ai reçu avec beaucoup de plaisir votre ouvrage : *Le Canada et l'Emigration française*, et j'espère que la description soignée et complète que vous donnez de ce pays engagera un plus grand nombre de Français à se rendre au Canada afin d'augmenter la force et la prospérité de la Nouvelle-France : la Province de Québec.

Votre obéissant serviteur,

LORNE.

Un des plus éminents prédécesseurs du marquis de Lorne, lord Dufferin, qui sur tous les autres points du globe où il a été appelé à représenter son pays a été pourtant un des adversaires les plus redoutables de l'influence française, a pratiqué la même politique que le gendre de la reine Victoria à l'égard des Canadiens français. S'inspirant des idées les plus élevées, lord Dufferin déclarait un jour que la civilisation française était nécessaire au progrès de l'humanité et que «*si elle n'existait pas, il faudrait l'inventer*». Cette déclaration, il a tenu à la renouveler sous d'autres formes et à plusieurs reprises, protestant ainsi contre les sentiments gallophobes qu'on lui prêtait généralement en France. Dans tous les cas, lord Dufferin considérait que le développement de la race française au Canada était nécessaire au maintien de l'équilibre sur le continent américain; et les manifestations publiques auxquelles il se livra pour bien marquer cette politique lui valurent auprès des Canadiens français une grande popularité dont il jouit encore. Quoi qu'il en soit réellement de cette sympathie des hommes d'Etat anglais pour la race française prise en elle-même, il n'en reste pas moins vrai qu'en se livrant à ces manifestations, ces hommes d'Etat ne pouvaient oublier que le loyalisme des Canadiens français serait pour l'Angletere le meilleur auxiliaire pour maintenir le Canada sous sa domination, mais que ce loyalisme restait subordonné au respect des privilèges et des prérogatives si chers au cœur de tout Canadien français.

En présence de cette protection officielle du gouvernement impérial, nous étions aussi autorisé à croire que ceux-ci pourraient mieux se défendre contre les empiètements de leurs compatriotes d'origine anglaise ou irlandaise, qui ne partageaient pas les sentiments des hommes d'Etat anglais à leur égard.

Pour cette raison, à laquelle il convient d'ajouter la prolificité étonnante des Canadiens français qui, dans un temps plus ou moins éloigné, ne peut manquer de faire contrepoids à l'immigration des éléments anglo-saxons, nous considérions que l'autonomie des Canadiens français offrait toutes les garanties de durée qu'il était possible de demander.

Et sur ce point nous étions d'accord avec l'immense majorité des Canadiens français dont une intime fréquentation et une vie commune nous avaient permis d'apprécier les vrais sentiments. Sur un seul point seulement nous étions en désaccord avec les principaux chefs du parti libéral canadien français, qui préconisaient un rapprochement commercial avec les Etats-Unis comme absolument indispensable à la prospérité matérielle de leurs compatriotes. Ils nous faisaient remarquer, et non sans raison, nous ne craignons pas de l'avouer aujourd'hui, que nous ne tenions pas assez compte de cet intérêt matériel, qui avait bien cependant sa valeur pour le développement que nous rêvions de la race française en Amérique.

Cet intérêt matériel nous paraissait moins important que le maintien des droits et prérogatives qui avaient jusqu'alors fait la force des Canadiens français. Il est acquis, en effet, que l'influence morale et politique qu'un peuple exerce sur un autre, dépend désormais du plus ou moins d'intérêts qui les lient.

Nous ne voyions pas sans une certaine appréhension un rapprochement quelconque, commercial ou politique, du Canada avec les Etats-Unis, convaincu que la pénétration du Canada par sa puissante voisine ne pourrait que compromettre l'existence nationale des Canadiens français, ou tout au moins retarder son entier développement.

L'exemple de la Louisiane n'était-il pas là pour nous montrer avec quelle rapidité a été absorbée la race française par l'élément anglo-saxon! Et pouvions-nous oublier aussi que les hommes d'Etat américains, malgré les sympathies qu'ils affichent dans les superbes solennités qui commémorent les grandes victoires de Washington et de Lafayette, ne tiennent pas le moins du monde à voir se développer chez eux, ou autour d'eux, une nationalité française avec tous les caractères qui sont le propre de la race française, c'est-à-dire nos mœurs, notre langue et nos lois.

Si nous avons alors négligé à dessein ce rapprochement commercial du Canada et des Etats-Unis, les Canadiens français ne sauraient nous en tenir rigueur en raison même des motifs qui nous ont inspiré. Et d'ailleurs, aux reproches que nous faisaient amicalement les libéraux à cet égard, n'avons-nous pas répondu que nous espérions trouver dans le développement des relations du Canada avec la France une compensation aux avantages qu'ils comptaient tirer d'un rapprochement commercial avec les Etats-Unis? Comme eux, et autant qu'eux, nous reconnaissions que le développement des intérêts matériels était nécessaire. Mais nous voulions que la France en bénéficiât aux lieu et place des Etats-Unis. Les libéraux se faisaient moins d'illusions que nous à cet égard. C'était toute la différence.

Nous espérions qu'au moment précis où la France avait plus que jamais besoin de créer de nouveaux débouchés aux produits de son industrie, nos industriels feraient tout leur possible pour s'assurer tout au moins la clientèle des Canadiens français. La tâche leur était facilitée par la communauté de langue et le vif désir des Canadiens français d'acheter nos produits.

Nous espérions qu'au moment même où nos cultivateurs, victimes d'une crise économique qui faisait baisser de 50 0/0 la valeur de leurs propriétés et de leurs revenus, la France était capable d'infuser un sang nouveau aux Canadiens français, et de grossir le nombre de la population canadienne française.

L'émigration française ne pouvait trouver un meilleur champ d'émigration pour former sans coup férir une colonie de peuplement dans le seul pays où il soit encore possible d'en créer une quelque peu importante en dehors de l'Algérie.

Nous comptions évidemment sans les difficultés que devait susciter l'administration française qui, croyant protéger le colon, l'empêche quelquefois d'émigrer même dans nos propres colonies.

Nous avons encore présente à la mémoire certaine circulaire d'un ancien ministre de l'intérieur à ses préfets leur recommandant de s'opposer énergiquement à toute émigration vers le Canada, tout comme s'il se fût agi d'un vaste dépeuplement possible de nos provinces. Les conférences qui furent faites à cette époque sur le Canada ne recommandaient cependant rien de semblable. Et le ministre de l'intérieur, mieux renseigné, eût pu s'éviter le ridicule de cette circulaire. Aucun de ceux qui faisaient ces conférences n'était agent d'émigration, et la propagande absolument désintéressée qu'ils faisaient en faveur du Canada ne manquait de faire ressortir les conditions essentielles que devait remplir tout Français qui aurait eu le désir d'émigrer au Canada.

En dépit de cette fameuse circulaire, une société de colonisation a pu recruter cependant un certain nombre de familles françaises qu'elle a établies dans le nord-ouest canadien, et nous espérons bien que son œuvre n'est pas terminée.

Mais combien petit sera le résultat obtenu, comparé à celui que nous avions rêvé pour la France comme pour le Canada, et que nous étions en droit d'attendre d'une meilleure compréhension de nos véritables intérêts !

CHAPITRE III

Le Mouvement commercial. — État comparatif des importations de l'Allemagne, de la Belgique et de la Suisse au Canada.

Il en a été du mouvement commercial comme du mouvement de l'émigration. En consultant les statistiques officielles que donne le gouvernement canadien, on constate en effet que depuis quinze ans le chiffre des importations de marchandises françaises au Canada reste stationnaire, tandis qu'au contraire les importations de marchandises allemandes, belges et suisses se développent dans une progression constante et élevée.

Nous avons déjà dit que les importations françaises au Canada étaient de 2,097,358 dollars en 1882; de 1,929,180 dollars en 1893; de 2,510,379 dollars en 1894.

Il est cependant juste de reconnaître que les statistiques officielles des importations et des exportations au Canada ne sont pas absolument exactes, et ne nous montrent pas ce que sont en réalité les exportations de la France au Canada. Un grand nombre de produits français, principalement les rubans, les soies et les tissus, pénètrent par la voie de l'Angleterre et des Etats-Unis ou de la Belgique et sont inscrits comme de provenance américaine ou anglaise ou belge sur les livres des douanes canadiennes. Quelle est au juste l'importance des produits ainsi dénationalisés ? Nous l'ignorons. D'aucuns l'évaluent à un chiffre assez élevé. Quoi qu'il en soit, cela ne change rien à notre manière de voir en ce qui concerne le développement des relations directes entre la France et le Canada.

Voyons maintenant le mouvement et la nature des importations de l'Allemagne, de la Belgique et de la Suisse.

Exportations de l'Allemagne au Canada en 1893

	Dollars
Livres et publications périodiques. . .	60.625
Brosseries.	20.980
Boutons.	34.165
Cotonnades.	136.335
Drogues et couleurs pour teintures, etc.	168.135
Faïences et porcelaines.	108.567
Articles de fantaisie.	233.807
Fourrures.	386.229
Verrerie	204.582
Ganterie	167.047
Cuirs et articles en cuir.	59.312
Articles en or et en argent.	38.269
Fers et aciers manufacturés.	481.966
Métaux.	51.448
Instruments de musique.	74.749
Peintures et couleurs.	162.205
Papeterie.	15.307
Soieries.	113.152
Sucre.	1.860.275
Tabacs, pipes, etc.	43.819
Bois	37.707
Laines et tissus de laine.	891.487
	5.350.158

En 1895, le total des exportations s'est élevé à 5,871,065 dollars.

En 1882, il n'était que de 1,480,000 dollars.

Exportation du Canada en Allemagne 1893

	Dollars
Bœufs.	52.160
Sarrasin.	83.772
Maïs	999.851
Pois	157.774
Avoine.	73.321
Blé.	350.874
Fruits secs.	75.548
Homards en boîtes.	18.124
Foin.	29.463
Instruments agricoles.	25.644
Métaux et produits métallurgiques. . .	22.379
Orgues de Barbarie.	16.042
Trèfle et grains divers.	50.079
	1.955.031

En 1894, ce total était de 2,016,052 dollars.
Il n'était que de 825,573 dollars en 1882.

Importation de la Belgique au Canada en 1893

	Dollars
Ciment.	60.860
Fourrures et peaux préparées et non préparées	14.298
Verreries.	283.098
Armes à feu.	19 291
Zinc, saumons et feuilles.	29.050
Articles en acier et en fer.	47.982
Peintures et couleurs.	18.889
	473.468

En 1894, ce total était de 541,268 dollars.

Importations de la Suisse au Canada en 1893

	Dollars
Rideaux	16.924
Broderies.	58.199
Articles de fantaisie.	11.101
Soierie.	76.796
Montres et bijouterie.	61.953
	224.973

CHAPITRE IV

Causes de notre infériorité. — Absence de ligne de navigation directe.

Les efforts de nos négociants ont-ils été ou stériles ou insuffisants ? Il convient dans l'un ou l'autre cas de rechercher les causes de notre infériorité et les moyens d'y remédier.

Tout d'abord, si les produits allemands, belges et suisses prennent ainsi la place des produits de notre industrie et de notre commerce, cela provient en grande partie des contrefaçons de l'Allemagne, de la Belgique et de la Suisse qui parviennent à approvisionner le marché canadien de produits à peu près similaires aux nôtres et à meilleur marché. En consultant cependant la liste des marchandises importées au Canada par ces trois pays qui s'évertuent à nous copier, il est aisé de voir que la France peut soutenir

6

la concurrence avec eux. Et, si nous rapprochons les chiffres des importations de ces trois pays qui ne sont pas plus favorisés que la France par les douanes canadiennes, on peut se rendre compte du grand développement que pourrait prendre notre commerce au Canada.

S'il est vrai que l'Allemagne et la Belgique parviennent à livrer au marché canadien des produits moins élégants et moins solides que les nôtres, mais à un prix par cela même moins élevé, il convient d'ajouter que ces deux pays possèdent des moyens de transport qui font encore défaut aux produits français.

L'Allemagne a établi depuis longtemps déjà un service régulier de paquebots entre Hambourg et Montréal. Cette ligne fait escale à Anvers.

Une autre ligne directe de navigation belge a été récemment établie entre Montréal et Anvers. De telle sorte que les produits français obligés de prendre la voie de Liverpool ou de New-York se trouvaient grevés de frais beaucoup plus élevés que ceux qu'avaient à supporter les produits allemands ou belges.

Cette seconde cause d'infériorité n'est pas une des moins importantes. On peut même dire que la création d'une ligne directe et régulière de navigation entre la France et le Canada est une condition *sine quâ non* d'un développement appréciable des relations commerciales entre les deux pays.

Plusieurs tentatives ont été faites dans ce sens et ont donné des résultats peu encourageants. Mais, selon nous, l'insuccès des diverses sociétés qui se sont constituées provient surtout de l'insuffisance des moyens dont elles ont pu disposer, et qui ne leur ont pas permis d'attendre les résultats que devaient amener les efforts peu rémunérateurs, il est vrai, des premières années. D'autre part, les bateaux qui avaient été mis sur la ligne du Havre à Québec, bien que leur vitesse ne leur permît pas de faire la traversée en moins de 14 jours, pouvaient suffire au début au transport des marchandises ; mais ils n'étaient ni assez rapides, ni assez bien aménagés pour attirer les riches et nombreux voyageurs canadiens qui prennent les voies rapides du Havre ou de Liverpool.

Le gouvernement canadien avait accordé cependant une subvention à ces différentes sociétés. Estimant qu'elle était insuffisante, il a voulu tenter nos armateurs par un encouragement plus sérieux. Nous avons dit que lors des négociations du traité de commerce avec la France, Sir Charles Tupper avait annoncé à M. Hanotaux que le gouvernement canadien accorderait une subvention de 2.500.000 francs à une ligne directe et régulière entre un port français et un port canadien. Les clauses du cahier des charges que devait remplir la nouvelle ligne parurent trop onéreuses. Elles étaient telles que la plus puissante de nos compagnies de navigation et la mieux outillée pour organiser ce service déclina l'offre qui lui fut faite. Elle nous a déclaré que, malgré cette subvention de 2.500.000 francs, il en serait résulté pour elle une perte annuelle de 1.500.000 francs environ pendant dix ans au moins, sans être assurée qu'à l'expiration de ce terme elle trouverait dans le trafic seul la compensation des sacrifices qu'elle aurait faits.

Il en est évidemment des relations commerciales comme de la colonisation. Il importe d'abord de frayer le chemin au colon qui veut atteindre des régions jusqu'alors inaccessibles. Et il en est de la navigation directe et régulière pour le développement du commerce comme de la construction des chemins de fer pour la colonisation.

Il faut donc espérer que le gouvernement canadien et le gouvernement français, si l'un et l'autre sont vraiment désireux de développar les relations commerciales des deux pays, trouveront les moyens de donner naissance à une compagnie de navigation directe et régulière capable de réaliser le but à poursuivre, et les moyens aussi de la faire vivre jusqu'à ce qu'elle puisse se suffire à elle-même.

En attendant que les négociations dans ce sens aboutissent, un armateur anglais a créé une ligne directe de Dunkerque à Montréal. Ses bateaux naviguent sous pavillon anglais. Leur service n'est ni régulier, ni très rapide, mais ils sont suffisants pour transporter les émigrants peu pressés et pour le transport des marchandises, qui par cette voie ne paient plus que 30 francs la tonne. Depuis la création de cette ligne, les lignes de Liverpool ne prennent plus de marchandises au Havre à destination de Québec et de Montréal. Et la Compagnie générale transatlantique n'offre plus aux produits français que l'avantage de la régularité et de la rapidité, au prix d'une majoration qu'explique assez le transbordement des marchandises à New-York.

Quelques armateurs et capitalistes français s'efforcent de créer une ligne essentiellement française. Si leurs efforts sont couronnés de succès, ce que nous souhaitons vivement, puisse alors l'expérience des compagnies défuntes leur permettre d'éviter les écueils sur lesquels ont sombré leurs prédécesseurs.

CHAPITRE V

Tentatives diverses des négociants français. — Conditions du marché canadien. — Opinion des négociants canadiens. — Insuffisance des moyens. — Maisons de détail. — Inégalité de la lutte.

De leur côté, les fabricants français ont-ils tenté tout ce qu'il convenait de tenter pour faire connaître et apprécier les produits de leur industrie et triompher de la concurrence allemande, belge ou suisse sur le marché canadien ? Nous ne le croyons pas.

Il n'est pas besoin aujourd'hui de démontrer la necessité pour nos fabricants de ne plus attendre chez eux une clientèle qui se trouve sans cesse sollicitée chez elle par leurs concurrents. Les producteurs français ont pu se rendre compte de cette nécessité, à leurs dépens du reste.

Depuis une vingtaine d'années, un grand nombre de Français ont donc essayé d'introduire des marchandises françaises au Canada. Bien peu cependant ont réussi. Et il est encore vrai de dire que l'insuccès des tentatives qui n'ont pas réussi, quelque louables que fussent celles-ci, est dû autant à l'insuffisance des moyens qu'à l'inexpérience de nos compatriotes.

La plupart, en effet, de ces pionniers du commerce français sont allés au Canada avec de simples échantillons, grâce auxquels ils espéraient faire d'importantes affaires. Leurs démarches réitérées auprès des maisons de gros ou de demi-gros sont le plus souvent restées stériles ; et finalement ils ont été obligés de s'adresser aux particuliers, ce par quoi il eût été préférable de commencer.

Avant d'analyser les conditions dans lesquelles ont été faites ces diverses démarches, il importe d'abord de rappeler les conditions mêmes du marché canadien, dont nous avons pendant plus d'un siècle ignoré l'existence ou, tout au moins, la réelle importance.

L'Angleterre et les Etats-Unis ont été, depuis le traité d'Utrecht, les seuls fournisseurs du marché canadien. Dans un pays comme dans l'autre, les maisons de gros canadiennes sont très avantageusement connues et jouissent des plus grandes facilités. De telle sorte que, lorsque nos fabricants se sont présentés ou fait représenter au Canada, ils ont trouvé une place solidement occupée par d'autres depuis un siècle.

Ils ne pouvaient donc espérer, quelle que fût la sympathie des Canadiens-français pour eux, prendre la place des grandes maisons anglaises ou américaines. Les affaires sont toujours les affaires, et les grands négociants canadiens ne pouvaient devenir nos clients que tout autant que nos négociants étaient capables de leur offrir les mêmes avantages qu'ils trouvaient en Angleterre et aux Etats-Unis, soit pour le prix des marchandises consommées au Canada, soit comme crédit, soit dans la régularité et la rapidité des expéditions.

Ces avantages équivalents, les avons-nous offerts jusqu'à ce jour aux négociants canadiens ? Interrogés par nous, ceux-ci nous ont répondu que nous n'avions pas encore pris en France toutes les mesures qui pouvaient ouvrir, sur une vaste échelle, le marché canadien aux productions françaises.

Nous pensions que les négociants canadiens français tout au moins seraient les véhicules naturels des produits français. Ils nous ont cependant déclaré que, malgré leur désir de nouer des relations commerciales avec la France, ils ne pouvaient abandonner d'eux-mêmes leurs habitudes et leurs façons d'opérer, et compromettre les bénéfices qu'ils réalisaient sûrement avec d'autres produits que les nôtres. « Nous ne pouvons, disaient-ils, acheter en France des marchandises que notre clientèle ne nous demande pas. C'est aux producteurs français à faire connaître leurs produits, à en donner le goût à nos clients ; et nous serons très heureux d'acheter ces produits, le jour où notre clientèle nous les demandera. Mais, faisant très bien nos affaires avec les produits auxquels sont accoutumés les Canadiens, nous ne voulons pas courir le risque d'importer des produits français ou autres qui peuvent être supérieurs à ceux que nous vendons, mais dont la supériorité réelle n'est pas suffisamment connue. Nous sommes les premiers à reconnaître que l'industrie française produit plus élégant, plus beau et plus solide que les industries étrangères auxquelles nous nous adressons et qui parviennent à nous livrer à meilleur compte des produits similaires aux vôtres. Le point capital est de convaincre le consommateur canadien qu'il y a pour lui économie réelle à payer plus cher une marchandise meilleure. Mais ne demandez pas à notre patriotisme de parfaire à nous seuls l'éducation économique du peuple canadien. Nous y contribuerons dans la plus large mesure possible, et nos acheteurs, qui se rendent deux fois par an en Europe, ont pour instructions de rechercher en France tous les produits qui sont susceptibles d'être vendus au Canada.

« Malheureusement, nous ou nos représentants trouvons bien rarement chez vos fabricants des encouragements qu'il serait nécessaire d'avoir pour écouler au Canada des articles français. Nous voulons parler de la difficulté d'acheter directement et par cela même de diminuer l'élévation des prix. Vos fabricants, connaissant même les garanties morales et matérielles que nous offrons, se refusent à nous vendre autrement que par l'intermédiaire d'un négociant commissionnaire, et nous obligent ainsi à majorer des prix déjà trop élevés. De telle sorte que nous avons alors plus d'avantages à nous adresser aux commissionnaires anglais ou autres, avec lesquels nous entretenons depuis de nombreuses années des relations suivies. Nous comprenons que vos fabricants trouvent dans l'intervention du commissionnaire une garantie, quand il s'agit d'acheteurs sur le compte desquels il est long et quelquefois difficile d'être édifié ; mais nous nous expliquons moins bien que des maisons françaises dont la renommée s'impose, craignent de s'aliéner les commissionnaires en traitant directement avec de puissantes maisons canadiennes d'un crédit nettement établi. »

Tel est le résumé des quelques critiques formulées devant nous par les principaux importateurs canadiens animés à l'égard du commerce français de la plus sincère bienveillance.

Les tentatives faites par les fabricants français, qui ont voulu s'affranchir de l'intervention des commissionnaires, vont nous permettre d'apprécier jusqu'à quel point ces critiques sont fondées, et de donner la conclusion qu'il convient d'en tirer, selon nous.

Les plus nombreuses tentatives de développement des relations commerciales entre la France et le Canada ont été faites au moyen de collections d'échantillons, parfois les plus complètes, confiées par des maisons françaises soit à des Français, soit à des Canadiens. Mais là s'est borné généralement l'effort de ces maisons qui, ne tenant pas compte des conditions du marché canadien, n'ont pas fourni à leurs représentants les ressources pécuniaires indispensables. Nos fabricants, à force de sollicitations, consentaient parfois à risquer quelques billets de cent francs en même temps que leurs échantillons; et la Société d'Encouragement pour le commerce d'exportation, ayant à faire face à une foule de demandes pour tous pays avec des ressources relativement restreintes, ne pouvait guère donner qu'un billet de 500 francs ou de 1000 francs à nos compatriotes, qui allaient tenter d'étendre le commerce français au Canada.

Après avoir promené leurs échantillons de maisons en maisons à Montréal, à Québec, à Toronto, ou les avoir exposés dans un local quelconque à l'admiration des négociants canadiens, nos compatriotes recevaient invariablement de ces derniers la même réponse : « Voilà certes de bien belles marchandises qui ne sauraient manquer de plaire à nos clients. Mais ils ne nous les demandent pas ». Et, si parfois une maison canadienne faisait une commande à exécuter, il s'élevait entre les maisons françaises et leurs représentants des difficultés provenant de l'insuffisance des pouvoirs confiés à ces derniers pour traiter directement selon les conditions, les us et coutumes du marché canadien. Entre temps, les ressources s'épuisaient, et les représentants des maisons françaises n'avaient d'autre moyen de tirer parti de leurs échantillons que d'essayer de les vendre aux particuliers.

L'accueil que ceux-ci ont fait à nos produits mis ainsi directement à leur portée, a toujours été de nature à faire concevoir de grandes espérances pour l'écoulement des produits français, qu'il se soit agi d'articles de mode, de fantaisie, de produits alimentaires ou de tissus. Et ceux qui, instruits par l'expérience et soutenus par des capitaux suffisants, ont créé des maisons de détail, ont réussi pour la plupart.

Avec des agents canadiens le système de la vente sur échantillons a peut-être donné de meilleurs résultats, lorsque ces agents ont été choisis parmi les chefs de maisons sérieuses dont le rayon et les moyens d'action étaient suffisamment étendus. Mais tel n'a pas toujours été le cas, et nous ne pouvons nous empêcher d'enregistrer de nombreuses déceptions provenant de la difficulté de se renseigner à distance sur la valeur des agents. Aujourd'hui cette difficulté n'existe plus. Il s'est fondé, en effet, à Montréal, une Chambre de commerce française qui, sous ce rapport comme sous bien d'autres, est appelée à rendre au commerce français et au commerce canadien d'appréciables services. Par la sûreté de ses informations désintéressées et la compétence de ses études, elle ne peut manquer de relever les courages abattus, de créer de nouvelles initiatives, et de donner une vive impulsion au développement du commerce entre les deux pays.

Il convient de signaler aussi les tentatives faites par les chefs de quelques maisons françaises, qui se sont rendus au Canada et ont réussi à se créer des relations. Ayant pu étudier sur place les besoins du marché, la nature et le prix des produits d'une vente courante, ils ont pu à leur retour opérer les transformations qu'ils avaient jugé nécessaire de faire subir à leurs marchandises. Ils ont pu se rendre compte de la valeur dés maisons canadiennes avec lesquelles ils ont traité, ainsi que des garanties des agents qu'ils ont choisis. C'est là un exemple que nous ne saurions trop recommander à nos fabricants. Mais, sans vouloir décourager aucune initiative individuelle ou collective, nous croyons que le meilleur moyen pour le commerce français de prendre une place importante sur le marché canadien, serait de tenir compte des observations des grands négociants canadiens et de l'expérience des vingt dernières années, en créant à Montréal d'abord, dont la population s'élève aujourd'hui à 250,000 habitants intra muros, et à 400,000 en y comprenant la banlieue, une grande maison française dans le genre des grands bazars, et qui mettrait par la vente au détail les producteurs français en contact direct avec les consommateurs canadiens. Il faudrait faire pour le Canada ce qu'une banque française vient de faire pour le développement du commerce français au Transvaal, ce que d'autres capitalistes ont fait pour d'autres pays. Une société française au capital de 3 ou 4 millions de francs, capable par cela même de se passer du concours des commissionnaires, et ayant à sa tête des chefs et un personnel très au courant des besoins et des conditions du marché canadien, serait de nature à remplir le but que les négociants canadiens eux-mêmes considèrent comme nécessaire au développement du commerce français au Canada. Nos capitalistes trouveraient parmi les Canadiens français des chefs et un personnel capables à l'école desquels se formeraient peu à peu nos compatriotes. Quant à l'organisation financière de la société, celle-ci devrait s'affranchir des fabricants français en ne recherchant des souscripteurs qu'en dehors d'eux, de façon à pouvoir s'approvisionner là où elle trouverait ou pourrait faire fabriquer les produits les mieux appropriés au marché canadien.

Lorsque nous avons été envoyé en Indo-Chine pour étudier les effets possibles de l'application du tarif général à notre colonie d'Extrême-Orient, au point de vue de l'écoulement des cotonnades françaises, nous avons été amené à conclure qu'en dépit de la surélévation des droits de douane dont seraient frappées les cotonnades anglaises, il convenait de créer un comptoir de vente avec la même organisation que les maisons allemandes et autres qui avaient accaparé le commerce des tissus de coton. L'expérience nous a malheureusement donné raison en grande partie.

De même pour le Canada, nous ne saurions trop recommander la formation d'une maison française qui se trouverait dans des conditions au moins aussi favorables que les maisons canadiennes dont la spécialité est d'importer des marchandises anglaises ou américaines. On nous objectera que l'essai d'un comptoir ou bazar a été tenté sans succès à Montréal, bien qu'il ait été poursuivi par des Français sérieux et disposant d'un certain capital. On nous fera remarquer aussi que toutes les entreprises poursuivies au Canada par des Français offrant toutes les garanties d'expérience commerciale, de sérieux et d'honorabilité n'ont pas donné de bons résultats. Nous ne cherchons pas à le nier ; et cela ne fait que nous confirmer dans l'opinion que nous venons d'émettre.

Pour réussir au Canada, il faut lutter à armes égales avec les Canadiens. Or, aucun de nos compatriotes n'a encore réuni les conditions de succès que réunissent à un si haut point les Canadiens et principalement les Canadiens français. Nos négociants peuvent être très-experts en affaires, les négociants Canadiens français le sont encore plus qu'eux. Ils ont conservé et développé la subtilité de notre race, et se sont assimilés le sens pratique et l'esprit retors des Anglo-Saxons dont tous parlent le langage. De plus, ils ont sur les nôtres l'immense avantage de connaître admirablement le terrain sur lequel ils opèrent. Avant de rien entreprendre par eux-mêmes, nos compatriotes feront donc bien de se former durant quelque temps à l'école des négociants canadiens français. Et ce qui serait encore mieux, ce serait d'associer les plus compétents d'entre eux à leurs entreprises.

Le bazar dont nous recommandons la création n'est peut-être pas encore la panacée grâce à laquelle notre commerce au Canada sortira de son marasme. Mais pour nous c'est la seule tentative qui reste à faire pour atteindre ce dernier but, en dehors des tentatives des fabricants français qui ont les moyens d'aller eux-mêmes de temps à autre au Canada ou d'y envoyer des voyageurs munis de pleins pouvoirs. Pour ceux qui n'ont pas de tels moyens et qui ne peuvent pas davantage créer à Montréal des agences fort coûteuses ils n'auraient qu'à gagner à la création d'une telle maison de vente. Et une telle entreprise est bien digne de tenter les capitalistes et les négociants qui, dans l'ancienne comme dans la Nouvelle France, désirent vraiment le rapprochement commercial des deux pays.

Il nous est pénible d'avoir à enregistrer, au sujet de l'émigration française et du commerce français au Canada, la perte de la plupart des illusions qui nous étaient si chères. Que ceux qui poursuivent le but que nous avons vainement poursuivi, conservent longtemps encore les leurs. C'est un levier qui permet, en tout état de cause, de faire quelques pas en avant. Si petits soient-ils, c'est encore autant de gagné.

Quant à nous, après avoir suivi avec le plus grand intérêt et une attention soutenue, toutes les tentatives faites pour que la France procure aux Canadiens français tous les éléments de prospérité et de sécurité qui leur sont nécessaires, nous en sommes arrivé à conclure que la France ne peut être d'un très grand secours aux Canadiens français. Dans les luttes qu'ils auront à soutenir pour le maintien et le développement de leur existence nationale, notre appui ne peut guère être que moral.

Au point de vue de la colonisation, une forte émigration française eût rendu autant de services à notre pays qu'aux Canadiens français. Mais, quoique livrés à eux-mêmes, ces derniers n'en poursuivront pas moins tout seuls l'œuvre admirable qu'ils ont accomplie sans nous, grâce même à cette dernière circonstance.

Au point de vue commercial, les négociants français ont en réalité bien plus besoin des négociants canadiens que ceux-ci n'ont besoin d'eux. Mais il peut en être tout autrement sous le rapport financier.

CHAPITRE VI

Le Crédit de la Province de Québec. — La Finance française au Canada. — Le Crédit Foncier Franco-Canadien et le Crédit Lyonnais.

Dans le *Canada et l'Émigration française*, nous avons fait ressortir dans tous ses détails la situation financière de la province de Québec, et montré le crédit auquel cette situation lui donnait le droit de prétendre. Malgré l'afflux des capitaux anglais et américains, le loyer de l'argent était encore assez élevé pour tenter nos capitalistes en quête d'un placement avantageux et offrant toutes garanties de sécurité. Et nous avons alors engagé nos compatriotes à placer leurs capitaux dans la province de Québec, autant dans leur intérêt que dans celui de cette province dont il importait de favoriser le développement.

7.

Les sociétés particulières pouvaient encore, à cette époque, trouver assez facilement à placer leur argent à 7 0/0 par contrats hypothécaires. Quant au gouvernement de la province de Québec, le taux auquel il avait pu contracter ses emprunts était de 4 0/0.

Depuis, la situation s'est-elle modifiée? Oui certes, mais tout à l'avantage de la province de Québec. Les capitaux anglais et américains ont continué à affluer au Canada et ont provoqué un abaissement continu du taux de l'argent. Les Compagnies d'assurances, qui ont à leur disposition d'énormes capitaux que leur situation leur permet de placer au taux le plus infime, ont beaucoup contribué à cette baisse de l'argent. De telle sorte qu'il n'est plus possible aujourd'hui de placer de l'argent au même taux qu'il y a une dizaine d'années.

Malgré cet abaissement du taux de l'argent, le *Crédit Foncier Franco-Canadien* qui s'était constitué, en 1881, a pu distribuer cette année un dividende de 8 francs ou de 7 fr. 64 nets de tout impôt, par action libérée de 125 francs, tandis que les parts de fondateur ont touché 2 fr. 86 nets d'impôts.

Ce résultat est dû uniquement à ce que le Crédit Foncier Franco-Canadien a pu bénéficier à son tour de l'abaissement du taux de l'argent sur les différentes places où il a fait appel au crédit.

Voilà 15 ans que cette Société française existe. Les résultats qu'elle a obtenus sont des plus encourageants, et nous nous étonnons que nos capitaux ne se portent pas davantage vers cette valeur qui, à 475, n'est pas cotée comme elle doit l'être. Cela tient sans doute à ce que les titres nominatifs ne sont plus en faveur auprès du public français, qui redoute toujours dans ces cas-là qu'on ne fasse appel au reste du capital. L'intérêt du Crédit Foncier Franco-Canadien, n'est pas cependant d'appeler la part non libérée. Il y a lieu d'opérer la transformation de ces titres nominatifs en titres au porteur et d'obtenir, à cet effet, certains changements de la loi canadienne qui régit les statuts de cette société.

Les finances de la province de Québec ont bénéficié aussi de l'afflux des capitaux. Et son crédit s'est tellement amélioré qu'elle a pu contracter divers emprunts dans les conditions les plus avantageuses. C'est ainsi qu'elle a conclu en 1894, avec la Banque de Paris et des Pays-Bas et le Crédit Lyonnais, un emprunt 3 0/0 qui a porté sa dette totale à 151 millions 076,360 francs. Cet emprunt, émis à 85, se négocie à l'heure actuelle à Paris à 92, le dernier coupon venant d'être détaché. Ce fait seul, suffit à prouver que le crédit de la province de Québec est aujourd'hui apprécié comme il doit l'être, et témoigne de la grande confiance du public en l'avenir de cette province.

Cet avenir, nous pouvons contribuer à le rendre plus brillant et plus assuré, en aidant dans une plus large mesure la province de Québec à développer toutes les ressources qu'elle possède et qui restent inexploitées faute de capitaux. Ce n'est pas, en effet, avec un budget de 25,669,652 francs, qu'elle peut exécuter tous les travaux publics et les chemins de fer que nécessite la colonisation de la province, et encourager l'agriculture et le développement des industries à l'établissement desquelles se prêtent si bien de nombreuses rivières navigables et de puissantes chutes d'eau.

Le service de la dette absorbe à lui seul 7 millions 616,010 fr. 45. Sur les 18,082,641 fr. 55 qui restent, 4,104,890 francs sont consacrés aux chemins de fer et aux travaux publics, et 1,260,000 francs à l'immigration, à la colonisation et à l'agriculture.

Le quart environ des ressources disponibles est

donc affecté à la construction des chemins de fer. Il en a toujours été ainsi, parce que les membres du gouvernement de cette province ont compris qu'ils ne sauraient faire trop de sacrifices pour créer des voies de communications rapides, qui sont les conditions essentielles de l'accroissement de la richesse du pays. S'ils n'en font pas de plus considérables, c'est qu'ils ne le peuvent pas.

Les hommes publics canadiens français ne doivent donc pas hésiter à faire un nouvel et sérieux appel à l'épargne française. Alors que tant de nations insolvables encombrent nos journaux et nos murs des affiches les plus alléchantes et les plus trompeuses, le public français verrait sûrement avec plaisir nos frères du Canada faire appel à sa bourse. Le marché français est on ne peut mieux disposé en leur faveur, et nous avons toute raison de croire que, si la province de Québec contractait aujourd'hui en France un emprunt de 60 ou 80 millions de francs, ce dernier serait couvert plusieurs fois. Un pareil emprunt, dira-t-on, serait une charge pour la province de Québec. Nous ne sommes pas partisan des petits emprunts fréquemment renouvelés. Que cette province emprunte donc une bonne fois la somme qui est nécessaire à son développement. Et il en résultera pour elle une augmentation de revenus qui serait déjà une garantie suffisante si elle ne trouvait pas en elle-même toutes les garanties nécessaires.

Le pays n'a pas cessé de jouir d'une tranquillité parfaite. Et on n'y a jamais vu de ces tripotages financiers dont les petites républiques de l'Amérique du Sud nous donnent trop souvent de fâcheux aperçus. Tout en trouvant la plus grande sécurité, nos capitalistes contribueraient en même temps à la prospérité et au développement de l'influence des Canadiens français dans la Confédération canadienne. Si les fonds russes sont si recherchés en France, c'est que notre intérêt politique est aussi grand que notre intérêt matériel. Il en est de même au Canada où nous ne saurions nous empêcher d'aider les Canadiens français par les seuls moyens qui soient vraiment à notre disposition. Les relations commerciales avec la Russie se sont développées du fait des emprunts russes. Il pourra en être de même avec le Canada français. C'est là notre plus grand espoir de voir prospérer ce dernier et de voir se développer nos relations commerciales avec lui.

Voilà comment, en attendant que cet espoir se

réalise, nous avons été amené à considérer quel parti nous pourrions tirer du rapprochement commercial que les libéraux désiraient voir s'établir entre le Canada et les Etats-Unis et que les conservateurs ont vainement poursuivi.

TROISIÈME PARTIE

LES
PARTIS POLITIQUES AU CANADA

LES PARTIS POLITIQUES
AU CANADA

CHAPITRE I

Le Parti conservateur. — Effets de sa politique. — Au point de vue canadien français. — Gallophobie de feu John Pope. — Un trait de sir Hector Langevin. — Patriotisme des conservateurs canadiens français. — La Province de Québec sacrifiée.

Il n'y a au Canada que deux grands partis en présence : le parti conservateur et le parti libéral. Quels que soient les principes de gouvernement de chacun d'eux, ni l'un, ni l'autre ne manquent cependant aucune occasion de proclamer bien haut leur fidélité à la couronne britannique. A ce dernier point de vue, ils semblent n'être en désaccord que sur la manière de manifester cette fidélité et sur les limites qu'il convient de donner à celle-ci.

Le Parti conservateur

Depuis dix-sept ans qu'il détient le pouvoir d'une façon continue, le parti conservateur a eu tout le temps de mettre en pratique ses principes de gouvernement. Nous l'avons vu à l'œuvre. Il nous est donc aussi aisé de résumer les grandes lignes de sa politique que d'en apprécier les résultats.

Le premier principe duquel découle toute la politique du parti conservateur consiste dans la centralisation de tous les pouvoirs des différentes provinces du Canada en un seul pouvoir. Au détriment de l'autonomie de ces provinces, les conservateurs se sont efforcés de créer une grande nation aussi compacte que pouvaient le permettre les intérêts parfois si opposés de quelques provinces, et le voisinage de deux races aussi différentes que la race anglo-saxonne et la race française. Ils ont voulu créer une nation canadienne commercialement indépendante, mais à jamais politiquement liée à l'Angleterre. Et c'est chez eux que la cause de la fédération impériale a trouvé ses champions les plus ardents.

Préoccupé avant tout de s'assurer d'importants revenus sans avoir recours à la taxe directe, le gouvernement conservateur a toujours pensé que les droits de douane ne pouvaient être réduits. Pour lui, toute réduction de ces droits devait provoquer soit une diminution dans les revenus, soit une augmentation considérable du chiffre des importations. Dans la première de ces deux éventualités, il aurait fallu avoir recours à la taxe directe dont aucun parti, du reste, n'a encore osé entretenir le corps électoral canadien. Et, dans la seconde, c'était la ruine des industries locales et de milliers d'ouvriers qui se seraient ainsi trouvés sans travail. Les conservateurs ont donc appliqué à leur pays un régime de protection devant lequel n'ont trouvé grâce que les produits absolument indispensables à la consommation canadienne et que le Canada ne pouvait fournir en aucune manière.

Ils ont bien dit et essayé de faire croire qu'ils étaient favorables à un traité de réciprocité avec les Etats-Unis limité aux produits naturels et à quelques articles manufacturés. Mais la cause de leur insuccès a été, d'après eux, l'attitude prise par tous les journaux et politiciens des Etats-Unis qui n'ont pas voulu consentir à un traité de réciprocité qui n'aurait pas été préjudiciable aux intérêts anglais. Or, le parti conservateur déclarait ne pouvoir jamais consentir à ce que ceux-ci fussent lésés par leur fait.

Dans ces conditions, il était assez difficile au gouvernement conservateur de signer avec quelque nation que ce fût un traité de commerce vraiment avantageux pour le Canada. Et, comme d'autre part, le gouvernement métropolitain met plutôt des obstacles à l'écoulement des produits canadiens en Angleterre, et dans tous les cas ne leur accorde aucun avantage particulier, nous ne pouvons nous empêcher de trouver que le parti conservateur a poussé bien loin le sacrifice des intérêts du pays en faveur de son loyalisme.

Au point de vue des travaux publics, qui ont si puissamment contribué à développer la production canadienne, il n'est que juste de reconnaître que le parti conservateur a fait les plus grands sacrifices et dépensé sans compter, pour ainsi dire. Sir Hector Langevin, chef du parti conservateur du Bas-Canada, a été pendant longtemps ministre des travaux publics dans le cabinet de Sir John MacDonald; et, durant son passage au pouvoir, il a donné la plus vive impulsion aux travaux de toute nature. Les sacrifices n'ont pas été moindres pour la construction des chemins de fer, des canaux et la création de nouvelles lignes de navigation mettant le Canada en relations directes avec les principaux marchés du monde.

C'est grâce à cette politique d'encouragement qu'a été construite cette grande ligne de chemin de fer jusqu'à ce jour unique au monde : le chemin de fer canadien du Pacifique, qui a ouvert les fertiles provinces du Nord-Ouest à la colonisation et mis en rapport direct sur le territoire canadien les provinces maritimes et celles de l'Océan Pacifique.

En nous plaçant au point de vue canadien français, cette politique n'a pas donné tous les résultats que les Canadiens français étaient en droit d'espérer. La province de Québec, notamment, n'a pas toujours trouvé la compensation suffisante à laquelle elle avait le droit de prétendre en raison même des sacrifices qui lui étaient imposés pour le développement des autres provinces. Il ne faut pas oublier, en effet, que la province de Québec, sur un total de 113.093.182 dollars de marchandises importées au Canada en 1894, n'a pas importé moins de 58.731.069 dollars, c'est-à-dire un peu plus de la moitié des importations de toute la Confédération. Il est donc permis de dire que cette dernière province fournit au gouvernement fédéral la moitié de ses revenus provenant des droits de douane. Elle exporte en outre presque autant de produits que toutes les autres provinces réunies.

Malgré cela, la province de Québec donne beaucoup et reçoit peu en échange. Et cela pour le plus grand profit de provinces appelées un jour ou l'autre à exercer leur influence dans le Parlement fédéral au détriment de la province de Québec elle-même.

Ce jeu de dupes était bien fait pour enlever aux Canadiens français un peu de l'admiration qu'ils auraient pu professer pour les pères conscrits qui avaient eu l'idée de la Confédération canadienne.

Les conservateurs canadiens français, dont l'appoint assurait la majorité du gouvernement fédéral, étaient cependant représentés par trois de leurs compatriotes. Et il venait tout naturellement à l'esprit de se demander comment les trois ministres canadiens français consentaient à rester plus longtemps les collaborateurs de leurs collègues anglo-saxons qui faisaient ainsi litière des intérêts de la province de Québec? Nous avons été le témoin des épreuves auxquelles fut soumis parfois le patriotisme des ministres canadiens français et des humiliations qu'ils durent subir en silence. Car leur amour-propre national leur faisait un devoir de se taire. Du moment où ils étaient réduits à l'impuissance, il devenait alors inutile de froisser la légitime susceptibilité de leurs compatriotes et de provoquer une agitation dangereuse pour la paix publique. Il fallait obéir ou se démettre. S'en aller ? Laisser le champ libre aux ennemis de l'influence française ? Ils ne le pouvaient pas. Tels les Alsaciens-Lorrains qui préfèrent rester dans leurs foyers et subir le joug de l'Allemagne, dans l'espoir qu'ils serviront mieux ainsi la cause de la France.

Nous avons bien entendu dire que le gouvernement conservateur était une sorte de confrérie dans laquelle il fallait faire en entrant le sacrifice de toute préférence politique personnelle au profit de la politique générale de ce gouvernement. Celui-ci, dit-on, ne se serait maintenu si longtemps au pouvoir que grâce à cette discipline quasi monacale à laquelle les ministres canadiens français durent sacrifier parfois des intérêts qui leur étaient bien chers cependant. Mais nous aimons mieux croire que le souci d'un intérêt supérieur autre que celui de leur parti dicta seul leur conduite. S'ils se fussent retirés du pouvoir, les ministres canadiens français eussent été acclamés par leurs compatriotes qui sans distinction de parti se fussent alors ralliés autour de leurs intérêts communs menacés. Mais ils ne voulurent pas ouvrir entre les deux races qui se partagent le Canada une ère de conflits des plus préjudiciables pour la tranquillité du pays.

Il ne nous appartient pas de rappeler ici de pénibles incidents et d'aiguillonner ainsi l'animosité latente mais réelle qui existe entre la race française et la race anglo-saxonne au Canada. Toutefois, nous ne pouvons nous empêcher de raconter un incident auquel nous avons été personnellement mêlé et qui montre bien clairement l'abus que les conservateurs canadiens anglais faisaient de leur majorité.

Malgré les touchantes manifestations par lesquelles les Canadiens français se révélèrent à la France en 1855 et en 1871, après un siècle de séparation, ils ne furent jusqu'en 1878 connus que de quelques initiés. Si un plus grand nombre connaissaient l'existence de ce groupe de Français sur les rives du Saint-Laurent, ils en ignoraient encore toute l'importance. La part brillante que le Canada prit à notre Exposition Universelle de 1878 contribua bien à développer nos relations avec notre ancienne colonie, mais ce ne fut que quelques années plus tard que le Canada français força l'admiration de la France entière et acquit cette immense popularité, dont il jouit aujourd'hui chez nous dans toutes les classes de la société, et qui n'est que le juste hommage rendu au patriotisme et à l'héroïsme dont les Canadiens français durent faire preuve pour maintenir et développer leur nationalité au milieu des éléments les plus hostiles.

Après avoir, pendant plusieurs années, parcouru le Canada en tous sens, des rives de l'Atlantique aux montagnes rocheuses, nous avions fini par nous rendre compte de tous les avantages réels, politiques et économiques que la France pouvait retirer d'un rapprochement plus intime avec son ancienne colonie. D'autre part, ce n'était pas sans une vive appréhension que nous avions vu nettement les dangers que le flot toujours grossissant de l'immigration anglo-saxonne et une émigratiou continue des Canadiens français aux Etats-Unis faisaient courir à la nationalité canadienne française. La prolificité légendaire des Canadiens français ne pouvait être une compensation suffisante. Aussi, le moment nous parut arrivé de hâter le développement de nos relations avec les Canadiens français et d'attirer vers le Canada une bonne part de l'émigration française qui se détourne de nos colonies pour aller se perdre dans d'autres pays, et enfin de mettre nos commerçants et nos capitalistes à même de tirer parti des ressources que leur offrait le Canada.

Le seul moyen à notre disposition était de donner par la plume et par la parole la plus grande publicité aux notes que nous avions recueillies durant notre séjour dans ce pays. C'était du reste le moyen employé par le gouvernement fédéral pour attirer l'émigration anglo-saxonne au Canada. Quatre millions de francs étaient annuellement inscrits au budget pour les frais de publications diverses destinées à être répandues en Europe. Des milliers et des milliers de brochures imprimées en anglais, en suédois et en allemand étaient distribuées par les soins des agents canadiens, mais aucune brochure n'avait jamais été écrite en français pour être répandue en France et nous faire connaître ce qu'était devenue cette poignée de Français que le traité d'Utrecht avait abandonnés, voilà plus d'un siècle, sur le continent américain. De telle sorte que nous pouvions répondre aux Canadiens français, qui reprochaient amicalement à la France de les ignorer, que celle-ci avait bien quelque excuse à cela, et qu'il leur appartenait d'exiger qu'une large part de ces quatre millions de francs consacrés par le gouvernement fédéral à la publicité en Europe, fût consacrée à faire connaître le Canada en France. Leur nombre dans la confédération leur donnait certes ce droit-là.

Les trois ministres canadiens français qui siégeaient alors dans le cabinet d'Ottawa s'empressèrent de faire le meilleur accueil à la demande que nous leur fîmes de seconder notre projet. Et, ayant exposé celui-ci au Parlement d'Ottawa devant les députés et les sénateurs canadiens français des deux Chambres, tous, conservateurs et libéraux, unis dans un même sentiment de patriotisme et d'affection pour la France, adressèrent une pétition collective aux ministres canadiens français, leur recommandant d'encourager l'œuvre utilitaire que nous voulions entreprendre.

Malgré les démarches réitérées et pressantes des membres les plus influents du groupe parlementaire canadien français, malgré la bonne volonté évidente de Sir Hector Langevin, ministre des travaux publics, de M. J. A. Chapleau, secrétaire d'Etat, et de M. Caron, ministre de la Milice, nous dûmes attendre trois mois à Ottawa une décision dn ministre de l'agriculture, M. John Pope, un des gallophobes les plus prononcés qui ait jamais siégé dans le gouvernement fédéral. Quelques jours à peine nous séparaient de la clôture de la session du Parlement; et la réalisation de notre projet avait toutes les chances d'être remise à une date ultérieure... (aux calendes grecques, pour être plus exact) lorsque M. John Pope dut entreprendre un voyage de quelques jours à New-York pour une question de chemin de fer... Sir Hector Langevin fut appelé à le remplacer par intérim au ministère de l'agriculture. Le lendemain même du départ de M. John Pope, nous recevions du ministre de l'agriculture par intérim une souscription de 5,000 exemplaires à notre ouvrage sur le Canada et l'avis de passer à la caisse du ministère en toucher le montant; huit jours après, la session était close.

Ayant rencontré M. John Pope, à son retour de New-York, nous crûmes devoir le remercier, sans conviction du reste, du concours de son ministère. « *Aoh! yes*, nous répondit-il ; *you are a smart fellow for if I had been there not a single copy of your book would have been purchased !* »

C'est de cette époque seulement que date cette

série de publications et de conférences qui devaient rendre si rapidement populaires nos frères des bords du Saint-Laurent. Et c'est à Sir Hector Langevin que revient le principal mérite de l'impulsion donnée.

A cet exemple, choisi parmi bien d'autres, des sentiments des ministres canadiens anglais à l'égard de la race française au Canada, il convient d'ajouter les négociations auxquelles a donné lieu le traité de commerce avec la France, et sur lesquelles nous nous sommes longuement étendu à dessein pour bien montrer que les démarches de Sir Charles Tupper et de M. Georges Foster en France étaient bien plutôt le résultat d'une manœuvre politique. Il n'y eut de vraiment sincères que les ministres canadiens français dont M. Angers, ministre de l'agriculture, fut l'éloquent porte-parole dans la défense du traité franco-canadien devant le parlement fédéral.

CHAPITRE II

Le parti libéral

Le parti libéral est resté trop peu de temps au pouvoir pour que l'application de son programme ait pu donner des résultats appréciables. Et nous ne pouvons en somme définir exactement sa politique que d'après les principes qu'il a longuement développés d'ailleurs au Parlement fédéral, dans les Assemblées provinciales, dans la presse et sur les « Hustings (1) ».

Les élections qui viennent d'avoir lieu montrent qu'au point de vue politique il entend maintenir intacte l'autonomie des diverses provinces de la Confédération, ce en quoi il s'est distingué du parti conservateur.

(1) Places publiques.

Au point de vue économique, il est tout à fait opposé au régime de protection appliqué par les conservateurs et qui, suivant lui, a arrêté le développement du pays et compromis sa prospérité.

Les conservateurs, disent les libéraux, ont gaspillé l'argent du pays au profit de quelques personnalités qui ont monopolisé certaines industries, et se sont enrichies aux dépens de la masse de la population. La valeur de la propriété a baissé considérablement ; l'immigration a été arrêtée, et il y a eu même une perte assez importante de la population.

Tels sont les principaux reproches que les libéraux ont adressés aux conservateurs, et le remède qu'ils entendent apporter à cet état de choses réside dans l'application de la plus stricte économie et de la réciprocité la plus étendue des échanges principalement avec leurs puissants voisins du Sud et avec la Grande-Bretagne. Ils font observer que le traité de réciprocité fut jadis la cause première de la grande prospérité des colonies anglaises de l'Amérique du Nord, et ils estiment qu'un tel traité avec les Etats-Unis non seulement est désirable pour le maintien de la bonne harmonie entre le gouvernement de Washington et celui d'Ottawa, mais encore est de nature à développer les relations amicales entre l'Angleterre et les Etats-Unis, en mettant finalement un terme à de nombreuses causes de conflit qui ont parfois altéré ces relations.

Ils espèrent que le gouvernement de S. M. la Reine Victoria, sans l'assentiment de laquelle aucun traité ne peut être signé, approuvera la large réciprocité qu'ils se flattent d'obtenir pour le plus grand bien du Canada et de la Grande-Bretagne. Cette réserve part d'un bon loyalisme. Nous allons avoir l'occasion de voir le parti libéral à l'œuvre.

Depuis une dizaine d'années, ces idées ont fait beaucoup de progrès dans le pays. A chaque élection les forces du parti libéral se sont accrues à ce point qu'elles ont pu tout récemment imposer au gouvernement fédéral un nouvel appel aux électeurs.

CHAPITRE III

Dissolution du Parlement fédéral

Sur les 212 membres dont se composait la Chambre des députés à Ottawa, le parti conservateur en comptait 133. Malgré cette énorme majorité de 54 voix, le gouvernement fédéral se vit dans la nécessité de dissoudre le Parlement et de faire appel aux électeurs avant la date à laquelle devaient avoir normalement lieu les élections.

Afin de bien comprendre la portée des élections qui viennent d'avoir lieu, il convient de rappeler d'abord les incidents qui ont provoqué la dissolution anticipée de la Chambre et de bien préciser la question que les électeurs canadiens ont été appelés à résoudre.

En matière d'enseignement primaire, l'Eglise catholique au Canada considère comme droits acquis certaines prétentions qui, jusqu'à ce jour, ont été respectées dans toutes les provinces de la Puissance. Or, le gouvernement local de la province de Manitoba, une des provinces les plus importantes du Nord-Ouest canadien, avait porté à ces prétendus droits une atteinte grave qui avait donné lieu à des débats tellement passionnés que le ministère fédéral crut devoir intervenir et prendre parti pour les catholiques.

En présentant à la Chambre des Communes une mesure dans ce sens, le ministère essentiellement protestant de Sir Mackensie Bowell ne pouvait manquer de s'assurer la reconnaissance et l'appui du clergé catholique, et de désarmer le parti libéral canadien français en le mettant en présence de la volonté toute-puissante des chefs de son Eglise. Mais l'attitude prise par M. Wilfrid Laurier, chef du parti libéral au sein même du Parlement, prouva que l'alliance momentanée du clergé catholique et du ministère protestant était aussi peu habile qu'impolitique. La psychologie de Sir Mackensie Bowell et celle des évêques canadiens se trouvèrent ce jour-là en défaut. Ignorant ce que le Canadien français chérissait le plus de sa foi ou de son patriotisme, ils eurent le tort de lui donner un choix à faire entre l'un et l'autre.

Le choix est fait désormais, et c'est le point capital qui ressort nettement des dernières séances du Parlement fédéral et des élections qui viennent d'avoir lieu.

Si le ministère conservateur était parvenu à s'assurer les bonnes grâces du clergé catholique, il s'était, d'autre part, aliéné tous ceux qui faisaient passer avant les intérêts de leur culte, le respect de l'autonomie provinciale, base essentielle de la constitution et de la confédération. La mesure présentée par Sir Mackenzie Bowell, pour résoudre la question des écoles au Manitoba n'était, en effet, qu'une violation des droits réservés aux provinces par la Constitution fédérale.

Quoique profondément catholique, le chef du parti libéral était avant tout Canadien français; et, à ce dernier titre, il considéra comme sacrées les garanties d'autonomie que consacrait l'acte fédéral. Fort de sa conscience et de son patriotisme, il aima mieux désobéir aux chefs de son Église plutôt que de porter un coup mortel à l'autonomie des provinces, du maintien de laquelle dépendait l'existence nationale de ses compatriotes.

M. W. Laurier estimait, d'ailleurs, qu'il lui serait possible de trouver le moyen de concilier les intérêts supérieurs de la constitution et ceux de sa religion.

Après une séance mémorable, de jour et de nuit, qui ne dura pas moins de plusieurs fois vingt-quatre heures et durant laquelle le côté comique (1) le disputa par instants à la solennité du débat, M. W. Laurier parvint à empêcher l'adoption de la mesure présentée par le ministère. En maintes circonstances, le chef du parti libéral avait donné des preuves de son large liberalisme, mais jamais celui-ci ne s'était élevé à pareille hauteur !

Le gouvernement conservateur se décida donc à dissoudre le Parlement et à demander aux électeurs de trancher cette question des écoles du Manitoba.

---

(1) Fatigués par ces longues séances, de nombreux députés avaient installé des couchettes dans la salle même du Parlement et ne s'éveillaient que pour reprendre la suite des débats. Excellent moyen d'atténuer l'acrimonie de ces derniers. L'énervement doit être, en effet, passablement grand après quarante-huit heures de séance ininterrompue.

CHAPITRE IV

Les Élections. — Intervention des évêques catholiques. — Défaite de leurs candidats. — Le rôle du clergé catholique.

Le peuple canadien français allait-il suivre M. W. Laurier dans la voie où il s'était engagé? Tel était le point d'interrogation que se posaient anxieux tous les vrais amis de la nationalité canadienne française.

Des deux côtés, on se prépara à une lutte d'autant plus ardente qu'il y allait de l'autonomie des provinces et de l'avenir même des Canadiens français. Sir Mackenzie Bowell abandonna la présidence du Conseil des ministres, qui fut confiée à Sir Charles Tupper, senior. Ce dernier était commissaire général du Canada à Londres; mais le parti conservateur éprouvait le besoin de faire donner toutes ses réserves. La partie était décisive. Sir Charles Tupper, senior, était un vétéran de la politique canadienne, un leader redoutable, sachant mener les élections comme elles doivent être menées au Canada, payant largement de sa personne. Son habileté, son éloquence et sa popularité ne pouvaient donc manquer de conduire vivement le parti conservateur à la victoire. Sir Charles Tupper dut donc quitter, dans l'intérêt de son parti, un poste qu'il remplissait à la satisfaction des intérêts canadiens et dans lequel il se plaisait, d'ailleurs, énormément.

De leur côté, les évêques canadiens français entrèrent ouvertement dans la mêlée électorale. Bien qu'en plusieurs circonstances, ils se fussent rendu compte des dangers que pouvait faire courir à la fidélité de leurs ouailles leur intervention dans les affaires purement politiques du pays, tous sans exception recommandèrent publiquement aux Canadiens français de voter contre les candidats libéraux.

Il n'y a guère de gens qui ne connaissent tout ce que les Canadiens français doivent de reconnaissance au clergé catholique qui, depuis la fondation de la Nouvelle-France, n'a cessé de travailler au maintien et au développement de leur jeune nationalité. Si celle-ci a conservé tous les caractères qui lui sont propres, c'est-à-dire sa langue, sa religion, ses mœurs, ses lois et son drapeau même, c'est au clergé catholique qu'elle le doit. C'est lui qui a formé tous les hommes d'Etat, les littérateurs et autres grands citoyens dont le Canada français se glorifie avec juste raison. En résumé, si les Canadiens français n'ont pas eu le sort de leurs frères de l'Acadie, qui ont encore le plus grand mal possible à se grouper et à conserver la langue de leurs aïeux, cela est dû uniquement au clergé catholique.

Il y avait donc lieu de supposer qu'en présence de l'excommunication de leurs évêques, les Canadiens français maintiendraient leur confiance au parti conservateur et voteraient en masse pour les candidats qui leur étaient recommandés.

Il n'en a rien été cependant. Considérant que la question des écoles du Manitoba était, avant tout, politique, puisqu'il s'agissait du respect absolu ou de la violation flagrante de la constitution fédérale elle-même, le peuple canadien français n'a pas pensé qu'il deviendrait moins bon catholique du fait de voter contre la politique de Sir Charles Tupper. Il a protesté en masse contre l'ingérence des évêques dans les affaires politiques du pays et consacré une fois de plus, et d'une façon nette et catégorique, l'indépendance du pouvoir civil à l'égard du pouvoir religieux. Sur 65 députés que la province de Québec envoie au Parlement fédéral, les Canadiens français ont donné leurs voix à 50 libéraux. Il n'y a donc plus aujourd'hui que 15 conservateurs au lieu de 31 qu'ils étaient dans la Chambre précédente.

En toute autre circonstance, l'arrivée d'un aussi grand nombre de libéraux au pouvoir eût été certes un événement important, quand on songe surtout que, depuis la fondation de la confédération canadienne, c'est-à-dire depuis vingt-cinq ans, le parti libéral n'a joui du pouvoir que durant quatre ou cinq ans. Mais, dans les circonstances actuelles, le triomphe de M. W. Laurier et la défaite complète du parti conservateur prennent les proportions d'un événement considérable, qui marquera une des dates les plus importantes dans l'histoire du Canada français.

En effet, malgré leur alliance avec les conservateurs anglais et protestants, les évêques ont été battus. Leur suprématie politique a reçu un suprême échec, et ce sont les Canadiens français eux-mêmes, c'est-à-dire des catholiques dociles et dévoués, qui le leur ont infligé. En outre, c'est la première fois qu'un Canadien français et catholique est appelé au poste de premier ministre du Canada. Aussitôt après la démission de Sir Charles Tupper, M. W. Laurier a été chargé de constituer un nouveau ministère.

A vrai dire, le résultat de cette élection ne nous a pas surpris. Durant nos deux séjours au Canada, nous avons dû noter que les Canadiens français supportaient mal la dictature épiscopale, quelque démocratique que fût l'esprit de la plupart des prélats. Beaucoup d'entre eux, et ils viennent de prouver qu'ils sont le plus grand nombre, trouvaient que la tutelle du clergé, qui avait été si nécessaire à la fondation de la colonie, n'était plus désormais compatible avec les progrès qu'ils ont accomplis. Et il nous était aisé de prévoir que dans un temps relativement rapproché, ils profiteraient de la première occasion pour s'en affranchir dans une certaine mesure. S'il leur arrive parfois d'enfreindre quelques-uns des règlements dont leur Église leur recommande l'observation, mais qui n'ont rien à voir avec les dogmes essentiels du catholicisme, ils ne veulent pas être, pour quelques peccadilles, voués à l'excommunication ou menacés de la fourche du diable. Dans quelques églises reculées des

Laurentides, nous avons entendu des prédicateurs belges faire de tels sermons que l'assemblée des fidèles en était glacée d'effroi. Nous avons vu, et ceci est l'exacte vérité, des femmes s'évanouir et des jeunes filles pleurer à l'énumération des terribles châtiments qui les attendaient au moindre manquement aux préceptes de l'Eglise. La population canadienne française est réellement trop honnête et d'une intelligence trop ouverte pour qu'on use envers elle de tels moyens de prédication. Cette manière de convaincre des fidèles qui ne demandent qu'à vivre et à mourir dans la foi de leurs ancêtres, va contre le but recherché. Et nous ajouterons que l'ultramontanisme des prédicateurs belges ne fera jamais de nombreux prosélytes au Canada.

Combien autrement éloquents et persuasifs étaient les sermons de cet excellent curé Labelle, qui était la plus pure expression de l'âme canadienne française ! Il n'avait qu'à s'adresser au cœur, au bon sens et à la raison de ses compatriotes, et sa parole toujours imagée et empreinte du plus large libéralisme entraînait les masses. Il ne négligeait pas le salut de l'âme de ses compatriotes, mais il était convaincu que le meilleur moyen de travailler pour le bien de son Eglise était encore d'assurer l'avenir de la race canadienne française. L'avenir de celle-ci fut, en effet, sa constante préoccupation. Il lui a consacré sa vie entière, faite du désintéressement le plus absolu, et sa mort a été une grande perte pour le Canada français. Puisse le clergé canadien en former beaucoup de semblables !

D'autre part, le clergé catholique oublie trop que, si le Canadien français, grâce à sa séparation de son ancienne mère-patrie, est exempt de quelques défauts des Français du vieux continent, il a cependant conservé quelques traits qui leur sont communs : l'esprit frondeur et gaulois. Jouissant d'une santé robuste et quasi légendaire, il est naturellement gai. Grand amateur du théâtre français, il se rend en foule applaudir nos acteurs, malgré la défense du clergé.

Les jeunes Canadiennes françaises qui ont conservé le sang chaud de notre race, adorent la valse à laquelle se livrent avec passion leurs compatriotes d'origine anglaise. Elles ne comprennent pas que le clergé leur défende cet innocent plaisir qui est très recherché d'une société aux mœurs très-rigides cependant. La confession est là, il est vrai, pour absoudre le léger péché qu'elles commettent le plus souvent possible.

Au cours des négociations auxquelles a donné lieu le traité de commerce avec la France, nous avons vu que les droits de douane quasi prohibitifs qui frappent les livres français à leur entrée au Canada avaient été maintenus dans l'unique but d'empêcher les idées de la France contemporaine, surtout celles de la France républicaine, de pénétrer au Canada.

La littérature française, à l'étude de laquelle peuvent se livrer les Canadiens français sans enfreindre la volonté des directeurs de leur conscience, ne leur suffit plus aujourd'hui. Et la littérature canadienne française ne leur a pas encore fourni assez d'éléments d'études, quel que soit le mérite des nombreux écrivains qui sont la gloire des lettres canadiennes. Leur culture intellectuelle est arrivée à un tel degré de développement qu'ils éprouvent le besoin de connaître, autrement que de nom, les auteurs français qu'ils ne doivent pas lire, s'ils tiennent au salut de leur âme. Leur esprit critique et sagace et leur attachement à leur foi religieuse sont cependant de nature à assurer le clergé qu'ils sauront rejeter d'eux-mêmes toute œuvre malsaine et dissolvante. Peu importe, le clergé n'est pas convaincu du choix judicieux que feraient ses fidèles. Et, selon lui, la diffusion des idées de la France contemporaine est pleine de dangers pour le maintien de la foi religieuse des Canadiens français. Il n'est pas plus partisan d'une émigration française, même catholique, qu'il ne l'est de l'introduction des ouvrages français. Pour lui, le meilleur des catholiques français porte fatalement et à son insu l'empreinte de la Révolution française, et il le tient encore en observation. Il continue donc à interdire la lecture des ouvrages de nos plus illustres écrivains ; seuls, les ouvrages de droit, surtout ceux de Dalloz et de Pothier, peuvent entrer en toute liberté et en grand nombre, ce qui explique aisément la remarquable supériorité des législateurs et des avocats canadiens français en matière de jurisprudence et de procédure. La vente du *Courrier des Etats-Unis* lui-même, journal bien inoffensif cependant que dirigeait ce brave Français qu'était le regretté Victor Meunier, a été interdite.

Mesures bien inutiles et dangereuses ! A vouloir trop tenir le peuple canadien français en lisière et à vouloir donner aux cervelles canadiennes l'empreinte resserrée d'un même moule, le clergé canadien nous semble aller contre son but. L'évolution des idées qu'il veut entraver se produira fatalement par la force même des choses, en raison même du courant irrésistible qui entraîne vers nous les Canadiens français. Et ceux-ci cependant resteront fidèles à leur religion.

Nous pourrions multiplier nos exemples pour prouver que par son intolérance le clergé catholique au Canada produit un changement dans les idées du peuple canadien français, qui ne peut être que nuisible à l'influence qu'il lui est nécessaire d'exercer. Le clergé catholique a encore un grand rôle à jouer au Canada, et nous verrions avec peine qu'il compromît une influence qui lui a permis, et lui permettrait encore, d'accomplir de si grandes choses pour le bien de la race française au Canada.

Les évêques canadiens français vont-ils désormais profiter de la leçon que viennent de leur infliger leurs ouailles ? Vont-ils refuser leur appui à M. W. Laurier, et continuer dans le Parlement la guerre à mort qu'ils lui ont déclarée dans le pays ? Ce serait vraiment un spectacle bien étrange et bien curieux, et qui donnerait du patriotisme des évêques canadiens français une singulière idée ! Comment, c'est la première fois que le chef du gouvernement fédéral est un Canadien français qui, sous tous les rapports, fait le plus grand honneur à sa race ! C'est un fervent catholique qui est soutenu par l'immense majorité des Canadiens français, et ce seraient les évêques qui lui susciteraient les plus graves difficultés ! Nous voulons croire que le patriotisme des évêques reprendra le dessus, quand même M. W. Laurier ne trouverait pas le moyen de concilier les intérêts de l'Eglise catholique et le respect de la constitution, c'est-à-dire des droits et des prérogatives de ses compatriotes de race française. Sur ce terrain, les Canadiens français qui l'ont porté au pouvoir ne l'abandonneront pas, et c'est à eux que les évêques déclareraient la guerre. Ils seraient infailliblement battus. Et d'ailleurs le bas clergé, fait de la moelle même du peuple, dont il voit chaque jour et partage souvent les dures privations, ne serait pas unanime à écouter la voix de ses chefs.

QUATRIÈME PARTIE

L'ARRIVÉE DES LIBÉRAUX
AU POUVOIR

L'ARRIVÉE DES LIBÉRAUX AU POUVOIR

CHAPITRE PREMIER

Le rôle de M. W. Laurier. — Difficultés de sa situation.

Au point de vue économique, les idées de M. Laurier ne sont pas moins libérales que ses idées politiques. Ses opinions libre-échangistes sont bien connues. Il est un partisan des plus convaincus de la réciprocité commerciale la plus étendue.

En se prononçant en sa faveur sur la question des écoles du Manitoba, les électeurs canadiens se sont en même temps prononcés sur la réforme de tarif que M. Laurier et son parti ont toujours préconisée, au point d'avoir été accusés par leurs adversaires politiques de certaines tendances annexionnistes.

Nous savons bien que les partis, une fois arrivés au pouvoir, n'ont souvent rien de plus pressé que de mettre sous le boisseau les plus belles promesses du programme qui a assuré leur succès. Le plus farouche collectiviste deviendrait bien vite un simple opportuniste, s'il lui était permis d'atteindre le pouvoir. Il trouverait que la conduite du char de l'Etat a du bon. Il en est ainsi sous toutes les latitudes, et le Canada n'échappe pas plus que les autres pays à ces variations si humaines. Mais, connaissant le caractère droit et tout d'une pièce de M. Wilfrid Laurier, nous ne doutons pas un instant qu'il ne cherche à appliquer les principes économiques qui lui sont si chers, et que nous avons eu l'avantage de lui entendre exposer à plusieurs reprises. Il commande aujourd'hui à une imposante majorité qui peut lui permettre de réaliser les principaux points de son programme politique et économique. Et tous les regards se tournent vers lui avec intérêt et sympathie.

La tâche qu'il a à remplir n'est pas aisée, il est vrai. En ce qui concerne la question des écoles de Manitoba, il parviendra assez facilement, croyons-nous, à la régler. Le gouvernement de cette province est libéral et, par esprit de solidarité politique, il se montrera sans doute moins intraitable avec ses amis d'Ottawa qu'avec les conservateurs.

Il en sera de même, nous l'espérons, pour la question du libre-échange avec les Etats-Unis, ou tout au moins d'un régime de réciprocité suffisamment étendu pour que les Canadiens en puissent tirer un profit tangible. Quelles que soient les tendances actuellement protectionnistes des Etats-Unis, nous sommes porté à croire que le cabinet de Washington accueillera les démarches que va tenter auprès de lui le gouvernement de M. Laurier avec plus de faveur qu'il n'accueillit les diverses ouvertures du gouvernement conservateur canadien. Celui-ci a toujours été traité avec une certaine méfiance aux Etats-Unis, où on le considère comme plus Anglais que les Anglais eux-mêmes. Les prédicateurs de la fédération impériale ne sauraient en être autrement surpris. Les libéraux canadiens ont été toujours bien vus des politiciens des Etats-Unis qui ne peuvent cependant avoir l'ombre d'un doute sur le patriotisme des chefs du parti libéral canadien. Et ce n'est un secret pour personne que Sir Richard Cartwright, auquel M. W. Laurier vient de confier le portefeuille du commerce, est *persona grata* à Washington. De là à dire que les libéraux canadiens ne sont si bien vus des Etats-Unis que parce qu'ils sont partisans d'une annexion à la grande République américaine, il n'y avait qu'un pas. Il a été franchi.

D'autre part, il va bien falloir concilier les effets du libre échange et les intérêts des grands manufacturiers canadiens qui s'enrichissent grâce aux monopoles dont ils jouissent. La politique de M. W. Laurier et de ses ministres, parmi lesquels nous comptons deux Canadiens français d'un mérite incontestable, M. J. Tarte et M. Joly de Lotbinière, s'inspirera évidemment des intérêts supérieurs du pays.

En attendant qu'il nous soit permis de connaître la politique qu'imposeront les circonstances, et d'en apprécier les effets, il nous est assez difficile de préciser au juste quelles sont les idées politiques de derrière la tête des hommes publics des Etats-Unis. Mais nous avons tout lieu de croire que ces derniers ne sont guidés, quant à présent, que par des idées purement économiques qui les rapprochent des libéraux canadiens. Ils n'ignorent pas que, si les Canadiens cherchent à s'affranchir d'une tutelle qui, après les avoir aidés, arrête aujourd'hui leur développement, l'esprit de nationalisme est chez eux profondément enraciné et qu'ils désirent, *avant tout, rester Canadiens.*

Au point de vue financier, le rôle de M. Laurier n'est pas moins délicat. Les grands travaux publics indispensables au développement du Canada nécessitent de grandes ressources que fournit à peine le budget fédéral. M. W. Laurier et Sir Richard Cartwright, un financier de premier ordre, trouveront-ils une compensation à la diminution des droits de douane qui serait la conséquence d'un traité de réciprocité avec les Etats-Unis? Ils ont toujours prétendu que les conservateurs gaspillaient les deniers publics. Trouveront-ils cette compensation dans l'application des idées d'économie dont ils se sont faits un devoir?

Il est vrai qu'un pays qui n'a aucun impôt direct, peut toujours se créer des ressources. Mais nous doutons que M. Laurier et son parti hâtent le moment où en arrivera fatalement le pays un jour ou l'autre.

CHAPITRE II

Le libre-échange au point de vue canadien français

Le libre-échange ou un régime de réciprocité plus étendu entre le Canada et les Etats-Unis est-il nécessaire à la prospérité matérielle des Canadiens français que ne peut lui procurer la France? Est-il de nature à compromettre ou à favoriser l'existence ou le développement de la nationalité canadienne française?

En principe, il nous paraît de mauvaise politique, pour une grande puissance productrice, de vouloir se constituer certains marchés étroits et fermés. Il n'y a, en thèse générale, que les relations d'affaires avantageuses aux deux pays qui échangent, qui soient durables et puissent donner à la longue de bons résultats. S'il est d'un grand intérêt pour le Canada de pratiquer le libre-échange de ses produits avec les Etats-Unis, ce serait contraire, pensons-nous, à nos véritables intérêts, de voir ce pays privé de cet avantage essentiel et, par suite, péricliter, même si cet état de choses devait assurer à la France quelques bénéfices particuliers.

Les Canadiens français, qui sont les premiers et seuls juges de leurs intérêts, viennent, en ce qui les concerne, de trancher ces deux questions. Les élections qui ont porté les libéraux au pouvoir ont en effet un double caractère essentiellement significatif. Tout en exprimant leur ferme volonté de voir respecter l'autonomie des provinces qui constitue pour eux la sauvegarde de leurs droits et de leurs privilèges, les Canadiens français ont également tenu à ce que les libéraux qu'ils investissaient de leur confiance missent en pratique les théories économiques qu'ils ont défendues pendant si longtemps.

Quelle serait d'abord, au point de vue canadien français, la conséquence d'un traité de réciprocité?

La population de la province de Québec est pauvre, et comme toutes les populations pauvres, elle fournit de nombreux émigrants. Ceux-ci vont presque tous chercher du travail dans les Etats manufacturiers de cette partie de la République américaine connue sous le nom de Nouvelle-Angleterre (Massachussets,

Rhode Island, New Hampshire, Connecticut). On compte près d'un million de Canadiens français dans cette région seulement. Ils ont leurs écoles, leurs églises et font tout en leur pouvoir pour se transmettre de génération en génération la langue maternelle. Malgré leurs efforts, beaucoup des leurs cependant se trouvent isolés, débordés au milieu d'une population d'autre race ; leurs enfants, surtout dans le cas de mariages mixtes, oublient notre langue. Ils sont perdus pour le noyau canadien. Cette émigration des Canadiens français aux Etats-Unis est une grande cause de faiblesse pour eux dans la Confédération canadienne et peut constituer dans l'avenir un grave danger pour l'existence de la nationalité canadienne française. Si l'on veut conserver sur le territoire de l'Amérique du Nord ce vigoureux noyau de population française qui y a pris pied, l'important est d'éviter toute désagrégation. Et cette désagrégation s'opère inévitablement par l'émigration des familles de la province de Québec aux Etats-Unis.

Une fois la barrière de douane entre la République américaine et la Confédération voisine abaissée, les Canadiens français, au lieu d'aller chercher du travail aux Etats-Unis, verraient les manufactures s'établir chez eux. La vie, en effet, est moins coûteuse dans la province de Québec que dans les Etats de la Nouvelle-Angleterre, et le prix de la main-d'œuvre est par suite moins élevé.

Si les centres industriels se trouvent actuellement aux Etats-Unis, c'est que les articles fabriqués au Canada doivent, avant d'être admis sur les marchés américains, solder des droits de douane exorbitants. Mais, dès que le cordon de douane établi le long du 45e parallèle serait supprimé, il n'est pas douteux que de nombreuses industries s'établiraient aussitôt au Canada, et principalement dans la province de Québec. Grâce à la quantité considérable de chutes d'eau d'une force prodigieuse, aux nombreuses rivières que cette province possède presque toutes naturellement navigables ou rendues telles pour des navires d'un fort tonnage, l'industrie prendrait un essor inconnu jusqu'ici. Les Canadiens français resteraient alors chez eux et leurs frères émigrés reviendraient en foule dans leur ancienne province, étant donné que le Canadien français, quel que soit son amour des voyages, se sent toujours malheureux loin du clocher natal.

CHAPITRE III

Le libre-échange au point de vue exclusivement français

Examinons maintenant quelles peuvent être les conséquences des nouvelles élections, tant au point de vue de nos relations commerciales avec le Canada, qu'au point de vue des relations économiques et politiques du Canada avec l'Angleterre.

Ouvrons le rapport du consul de France à Chicago pour l'année 1890. Nous y lisons que la France a fourni 9.85 0/0 des importations totales des Etats-Unis pendant cet exercice. Suivant le rapport du consul général de France à Québec pour la même période, les importations de France au Canada n'ont atteint que 2.10 0/0 des importations totales (1).

(1) *Bulletin Consulaire* de 1891.

Le Canada cependant compte une forte proportion de population française disposée à acheter de préférence nos produits. On admettra donc que, dans l'hypothèse où les Etats-Unis et le Canada ne seraient plus séparés par un cordon de douanes, la proportion des importations françaises pour ce « Zollverein » nord américain arriverait vite à se maintenir la même qu'elle est actuellement pour les Etats-Unis seuls. Les exportateurs français gagneraient à la faveur de cette combinaison, 7.75 0/0 dans le chiffre annuel de leurs exportations au Canada.

Nous avons esquissé quelques-uns des obstacles qui, dans l'état actuel, s'opposent à ce développement de nos rapports commerciaux avec le Canada. Faisons ressortir maintenant les facilités que trouve le commerce français aux Etats-Unis.

Pour entamer des relations commerciales avec les Etats-Unis, il suffit à une maison française d'installer une agence à New-York. Les ventes, dans un pays qui compte plus de 60 millions d'habitants, couvrent vite les frais de cette agence.

Au Canada, où le chiffre de la population s'élève seulement à environ 5 millions d'habitants, les débouchés sont beaucoup plus limités et l'agence d'une maison française se soutient avec peine.

Puis, suivant un vieil axiome, le commerce suit le pavillon. Trois lignes de vapeur relient la France aux Etats-Unis : La *Compagnie Générale Transatlantique* (Havre et New-York) ; la *Compagnie Fabre* (Marseille et New York) ; la *Compagnie Commerciale de Navigation* (Le Havre et la Nouvelle-Orléans). Enfin pour la côte du Pacifique (San Francisco), nos importateurs peuvent prendre la voie de la ligne transatlantique qui dessert Panama.

Il y a bien eu des tentatives d'établissement de service de navigation entre la France et le Canada ; mais nous avons vu que jusqu'ici elles n'ont pas été couronnées de succès.

La barrière des douanes séparant les Etats-Unis et le Canada venant à s'abaisser, nos importations destinées à ce pays prendraient donc la voie de New-York comme pour le reste des Etats-Unis.

On nous fera peut-être observer que les marchandises françaises pouvant actuellement être expédiées au Canada en transit par voie de New-York, notre raisonnement pêche par sa base ; que cette facilité résout le problème pour les maisons françaises ayant une agence à New-York. Il n'en est rien.

Dans les pays de tarif *ad valorem*, une des opérations les plus importantes est le dédouanement des marchandises. L'agent de l'importateur doit lui-même débattre ses intérêts avec la douane et ne faire sortir ses marchandises de l'entrepôt qu'au fur et à mesure de l'écoulement. Une agence de New-York ne peut procéder à ces opérations à Montréal ou à Québec. S'il s'agit au contraire de traiter avec un point quelconque des Etats-Unis, quelque éloigné qu'il soit, le cas n'est plus le même. Les marchandises sont laissées en entrepôt à New-York. Une fois vendues à une maison de Cincinnati ou de Chicago, par exemple, elles sont dédouanées à New-York par l'agence importatrice et expédiées à l'acheteur sans complication de douanes.

Tant au point de vue français qu'au point de vue canadien français il est donc à souhaiter que M. Laurier réussisse là où n'ont pu réussir ni M. George Foster, ni Sir John Thomson.

CHAPITRE IV

Attitude de l'Angleterre. — Son intérêt à accorder au Canada l'indépendance commerciale la plus complète.

Reste un dernier point à examiner. Dans le cas où, pour obtenir tous les avantages économiques d'une réciprocité illimitée avec les Etats-Unis, le Canada se verrait obligé de ne pas traiter l'Angleterre sur le même pied que les Etats-Unis, le gouvernement de la Reine Victoria consentira-t-il à sacrifier si peu que ce soit ses intérêts commerciaux ? Point délicat. C'est la question de l'indépendance commerciale du Canada qui se pose. Elle ne peut manquer de se poser nettement avant peu. Et l'arrivée du parti libéral au pouvoir est de nature à en hâter la solution.

Nous avons vu, qu'au point de vue économique, l'Angleterre ne fait aucun avantage au Canada et que même, sous de fallacieux prétextes, elle continue à entraver l'exportation du bétail canadien dans le Royaume-Uni. L'exportation du bétail est cependant une des plus importantes ressources du Canada. D'autre part, l'Angleterre empêche le Canada de signer aucun traité de commerce concédant des avantages particuliers à une nation quelconque, dût ce traité être indispensable à la prospérité du Canada. Du moment où elle ne doit pas être traitée sur le même pied que la nation la plus favorisée, elle oppose son veto.

Le Canada se trouve donc dans l'impossibilité absolue de se développer au mieux de ses intérêts. Et il y a là, de la part de l'Angleterre, un abus excessif de sa domination et une compréhension erronée de ses véritables intérêts.

Il suffit, en effet, d'énumérer les avantages politiques, stratégiques et économiques même, que la possession du Canada procure à l'Angleterre pour se rendre immédiatement compte que le fait d'accorder aux Canadiens l'indépendance commerciale la plus absolue constituerait pour elle un bien léger sacrifice, comparativement à la puissance que lui vaudrait la conservation des avantages suivants.

Du port de Halifax à celui de Victoria, une ligne de chemin de fer ininterrompue sur territoire canadien relie les rives de l'Atlantique à celles du Pacifique. La tête de ligne de cette immense voie ferrée contient un arsenal formidable. Halifax, sorte de Gibraltar au flanc oriental du continent américain, est un port de guerre des mieux défendus, et pouvant être aisément approvisionné de charbon, grâce au voisinage des mines de Sidney (Cap Breton). La flotte anglaise peut s'y ravitailler en tous temps ; et en quinze jours, des troupes anglaises peuvent être transportées de Liverpool ou de Plymouth à Victoria.

Dans un cas de complications extérieures qui mettraient l'Angleterre aux prises avec les Etats-Unis ou une grande puissance maritime, la possession du port de Halifax et la libre disposition du chemin de fer canadien du Pacifique seraient pour l'Angleterre d'un secours d'autant plus grand que les rives canadiennes du Pacifique renferment d'importantes mines de charbon en exploitation.

Si donc la route des Indes par la voie du canal de Suez ou du cap de Bonne-Espérance venait à lui être barrée, elle pourrait néanmoins, grâce à la ligne canadienne, voler au secours de l'empire des Indes menacé.

Cette éventualité encore lointaine, sans doute, n'est pas aussi improbable qu'on pourrait le croire; et, par l'appui que le gouvernement anglais a prêté à la construction de cette ligne, il est permis de penser qu'elle est entrée dans les calculs du Foreign Office.

En attendant, elle utilise très avantageusement la voie du Canada pour augmenter ses relations avec la Chine et le Japon d'un côté, et l'Australie de l'autre. En 1888, nous avons pu voir à Hong-Kong les puissants bateaux de la ligne canadienne qui relient régulièrement la Chine et le Japon au point terminus du chemin de fer canadien du Pacifique. Ce sont des bateaux aussi puissants que la *Champagne* et la *Touraine*, peut-être plus. Bien que largement subventionnée, il est à croire que cette ligne de navigation transporte de nombreux voyageurs et une assez grande quantité de marchandises, puisqu'elle continue toujours son service. Pour augmenter le nombre de ses passagers, elle consent à nos agents en Extrême-Orient ainsi qu'à nos militaires, les mêmes réductions qui leur sont accordées par la Compagnie des Messageries maritimes. Et c'est ainsi qu'ils cherchent à populariser la voie canadienne au détriment de la voie de Suez.

La conservation du Canada est donc aussi utile à l'Angleterre, au point de vue économique qu'au point de vue stratégique.

En nous plaçant au point de vue exclusivement français, nous n'aurions certes aucun regret de voir l'Angleterre privée de tous ces avantages. Par toutes les entraves qu'elle nous suscite sur tous les points du globe, même sur ceux où ses intérêts ne se heurtent pas avec les nôtres, elle nous a bien donné le droit de ne pas regretter une diminution quelconque de sa puissance, si elle se produit un jour ou l'autre.

Mais nous avons ici le devoir de faire abstraction des intérêts particuliers de la France, et de considérer qu'il y a au Canada et aux États-Unis près de deux millions et demi de Canadiens français que la question intéresse plus directement que nous et pour lesquels l'heure de la délivrance finale n'a peut-être pas encore sonné.

Nous avons dit et prouvé que les hommes d'Etat anglais, tels que le marquis de Lorne et lord Dufferin, considéraient les Canadiens français comme le meilleur appui des derniers vestiges de la domination anglaise dans l'Amérique du Nord. Ils souhaitent sincèrement, et nous ne pouvons douter de la sincérité de leurs souhaits, que les Canadiens français deviennent plus nombreux et plus prospères. C'est qu'ils comptent sans doute que le loyalisme de ces derniers sera le plus puissant obstacle à une annexion du Canada aux Etats-Unis. L'Angleterre ne peut cependant se faire aucune illusion sur les mobiles de ce loyalisme, fait bien plutôt de l'intérêt même des Canadiens français que de leur affection réelle pour le drapeau britannique.

Des intérêts communs, le voisinage et la fréquentation journalière des deux grandes races du Canada ont fortement émoussé la haine ou l'antagonisme tout au moins qu'elles éprouvaient jadis l'une pour l'autre au Canada, et qui survit encore sur le vieux continent. Mais les descendants du régiment de Carillon et des héros de 1830 ne peuvent oublier que le drapeau du Royaume-Uni n'est point le leur. Et les chants nationaux canadiens-français, symboles de fierté et d'indépendance nationales seront toujours plus près de leur cœur que ne l'est assurément le *God save the queen*, symbole de leur loyalisme.

Mais l'intérêt des Canadiens français est de ne pas être annexés aux Etats-Unis où ils auraient le plus grand mal à sauvegarder leur autonomie et les privilèges qui leur sont si chers.

Dans le cas d'une annexion à la grande République voisine, une absorption éventuelle, quelque lointaine qu'elle soit en raison même de la vitalité exceptionnelle des Canadiens français, doit en effet être prévue.

Les Canadiens français continueront donc à vivre en bonne intelligence avec leurs compatriotes d'origine anglaise et à être de loyaux sujets de S. M. la Reine Victoria, tant que leurs intérêts seront respectés dans la confédération canadienne. Mais il ne suffit pas que l'Angleterre se borne à respecter et à faire respecter leurs intérêts politiques. Il est non moins essentiel qu'elle sauvegarde et développe leurs intérêts matériels.

Or, nous avons exposé quels seraient les avantages que les Canadiens français retireraient d'un traité de réciprocité avec les Etats-Unis, dont les principales conséquences seraient le développement de la prospérité nationale et le retour d'un grand nombre de Canadiens français autour des clochers canadiens.

Que les hommes d'Etat anglais se montrent donc logiques, et qu'en pesant de tout leur poids sur les conseils de la couronne britannique, ils montrent qu'ils sont vraiment soucieux de « la *grandeur et de la prospérité de la Nouvelle-France* ». L'intérêt supérieur de l'Angleterre est de ne pas se moquer plus longtemps des intérêts des Canadiens en général et des Canadiens français en particulier, et de consentir à ce que le Canada accorde aux Etats-Unis des avantages commerciaux qu'il n'accorderait pas à la Métropole, si tel est son intérêt.

L'esprit pratique des Anglais, et qui les empêche de s'obstiner inutilement, nous est un sûr garant que l'Angleterre finira par accorder au Canada cette indépendance commerciale que ce pays juge indispensable son entier développement. Le plus tôt sera le mieux. Et nous avons tout lieu de croire que le jour où les Canadiens exprimeront leur ferme volonté de l'avoir, l'Angleterre n'hésitera plus à la leur accorder. L'autorité dont jouit M. W. Laurier auprès de ses compatriotes des deux races et son loyalisme à la couronne sont de nature à faciliter la tâche qu'il entreprendrait dans ce sens et qui convient essentiellement à son patriotisme. Puisse-t-il réussir à se créer ce nouveau titre à la reconnaissance des Canadiens français. Tel est le souhait d'un des meilleurs amis de la nationalité canadienne française.

CONCLUSION

Aujourd'hui, comme en 1884, nous n'avons eu qu'un but : être utile à notre pays et aux Canadiens français, en cherchant à provoquer un échange de services réciproques que nous les supposions appelés à se rendre.

Des observations et des faits que nous venons de présenter, et qui sont basés sur notre expérience des affaires canadiennes et sur une connaissance documentée de l'état des esprits au Canada, il ressort que, en dépit de toutes les tentatives qui ont été faites, les progrès accomplis depuis douze ans dans le développement de nos relations avec le Canada sont loin d'être à la hauteur de ceux que nous avions souhaités et pour la réalisation desquels nous avons fourni notre large part de lutte et de travail.

Les diverses causes qui, selon nous, ont en quelque

sorte paralysé ces tentatives, nous les avons exposées en toute sincérité. Nous aurions pu les multiplier et les développer davantage. Telles quelles, elles nous paraissent devoir suffire à la démonstration que nous avons voulu faire. Elles ne doivent pas être cependant matière à découragement pour ceux qu'intéresse l'avenir de la race française au Canada et qui recherchent dans ce pays un débouché aux produits de notre industrie ou une meilleure situation pour les émigrants de nos provinces. Nous n'avons pas voulu atteindre un tel résultat qui est si éloigné de notre esprit. Mais, quelque regret que nous puissions éprouver, d'avoir à constater de sérieuses difficultés dans la réalisation du but poursuivi simultanément et avec la même ardeur en France et au Canada, nous avons cru qu'il serait plus utile de les indiquer que de les taire. Ce système aura, nous l'espérons, l'avantage d'éviter de trop grandes déceptions, et de contribuer à la solution du problème qu'il importe de résoudre, aussi bien dans l'intérêt de la France elle-même que dans celui de son ancienne colonie.

Bien que nous continuions à considérer le Canada comme le meilleur champ d'émigration pour une certaine classe d'émigrants français, nous sommes obligé de reconnaître que la masse de nos émigrants se portera très-difficilement vers le Canada. Aux raisons déjà données ici et ailleurs, il convient d'en ajouter une qui a bien son importance.

Ce qu'il faut aux Canadiens français, ce n'est pas une émigration française passagère, mais bien une émigration qui se fixera définitivement sur le sol canadien et s'assimilera à la population indigène dont elle aura à partager les destinées. Or, tant que l'« Union Jack » flottera au haut de la citadelle de Québec, nous ne pouvons espérer convaincre nos émigrants qu'il y va de l'intérêt de la race française en Amérique de devenir, même momentanément, de loyaux sujets de sa gracieuse Majesté la Reine Victoria. L'Union Jack n'est pas populaire en France, et ceux que le sort oblige à quitter les rives de notre pays aiment encore mieux aller sans esprit de retour dans d'autres contrées, qui sont loin de leur offrir les mêmes avantages que le Canada, ou qui sont habitées par des populations ne parlant ni ne comprenant leur langue. Et cependant?... Toutes les espérances sont permises aux Canadiens français.

Cet état d'esprit est fâcheux, mais nous ne pouvons

nous empêcher de le constater. C'est bien celui que nous ont montré les émigrants français que nous avons vus et interrogés soit dans nos colonies, soit dans l'Uruguay, soit dans la République Argentine, soit au Brésil et ailleurs.

Quant au commerce français, il lui appartient de tirer profit des renseignements que nous venons de lui fournir. Il récoltera suivant qu'il aura semé.

Un seul espoir vraiment sérieux reste à la France de favoriser le développement de la race canadienne française, tout en étant utile à elle-même.

La province de Québec n'ayant pas assez de ressources pécuniaires pour se développer rapidement par ses propres moyens, à moins d'avoir recours à la taxe directe qu'il serait peut-être temps de regarder en face dès maintenant comme une nécessité inéluctable, il est de son intérêt de rechercher des capitaux français de préférence aux capitaux américains ou anglais. Les Américains et les Anglais ne placent pas, en effet, leurs capitaux sans arrière-pensées politiques. C'est un excellent moyen de pénétration qu'appliquent d'ailleurs, avec succès les Etats-Unis autour d'eux. La province de Québec doit donc sauvegarder son indépendance financière si intimement liée à son indépendance politique ; et elle y parviendra en s'adressant à la France, car celle-ci n'aura pas d'arrière-pensée vis-à-vis d'elle. Nous avons possédé le Canada ; nous l'avons perdu et bien perdu. Et personne en France ne songe à l'attacher de nouveau autrement que par des liens de mutuelle et solide affection et des relations d'affaires plus étendues.

Au point de vue canadien français, il nous a paru intéressant de rechercher quel serait le régime économique le plus favorable au développement des intérêts matériels des Canadiens français et de leur influence dans la confédération ; et nous n'en voyons pas d'autre que celui du libre-échange ou de la réprocité la plus étendue avec les Etats-Unis, qui ramènerait sûrement au foyer natal le million de Canadiens français, dont l'exode aux Etats-Unis est pour la Nouvelle-France la plus grande cause d'affaiblissement.

TABLE DES MATIÈRES

IIe PARTIE

LE DÉVELOPPEMENT DES RELATIONS ENTRE LA FRANCE ET LE CANADA

IIIe PARTIE

LES PARTIS POLITIQUES AU CANADA

IVe PARTIE

L'ARRIVÉE DES LIBÉRAUX AU POUVOIR

Voir *Errata* à la fin du volume.

BANQUE DE PARIS & DES PAYS-BAS

SOCIÉTÉ ANONYME AU CAPITAL DE SOIXANTE-DEUX MILLIONS CINQ CENT MILLE FRANCS

SIÈGE SOCIAL : A PARIS, RUE D'ANTIN, 3

Succursales à Amsterdam, Bruxelles et Genève

CONSEIL D'ADMINISTRATION

MM. **Dutilleul** (E.), rue Cambon, 41, *président honoraire*; **Gonin** (Eug.), rue de Lisbonne, 33, *président* ; **Bamberger** (H.), rond-point des Champs-Elysées, 14; **Bauer** (cheval. R. de), Bruxelles; **Demachy** (Ch.), rue de Provence, 58; **Germiny** (comte A. de), avenue de l'Alma, 18; **Nœtzlin** (Edouard), rue de la Boëtie, 57; **Stern** (Jacq.), avenue Montaigne, 51.

CENSEURS

MM. **Choppin de Janvry**, rue des Missionnaires, 26, à Versailles; **Salles** (I.), boulevard Haussmann, 152;

COMMISSAIRES

MM. **Leviez** (E.), rue du Mont-Thabor, 27; **Timmerman**, rue La Boëtie, 103.

DIRECTEURS

MM. **Thors** (J.-H), rue Montchanin, 5; **Villars** (Lucien), rue Marbeuf, 37; **Chevrant** (Ed.), rue de Sèze, 10.

SOUS-DIRECTEUR

M. **Steiger** (L. de), rue de Sontay, 11.

FONDÉS DE POUVOIR

MM. **Roquerbe** (G.), faubourg Saint-Honoré, 283; **Arbelot** (F.), boulevard des Batignolles, 29.

NOTICE

Capital social 62.500.000 francs, divisé en 125,000 actions de 500 francs libérées, au porteur. Coupons payables en janvier (acompte) et juillet (solde).

Les bénéfices nets sont répartis comme suit : 1° 5 0/0 pour former une réserve d'un dixième du capital, réserve actuellement complète; 2° 5 0/0 d'intérêt au capital des actions. L'Assemblée peut, en outre, décider du prélèvement d'une somme destinée à la constitution d'un fonds de prévoyance. Cette réserve s'élève, au 31 décembre 1894, à 12,920,944 francs, dont 920,944 francs appartiennent aux administrateurs. Le surplus est distribué : 10 0/0 aux administrateurs; 90 0/0 aux actionnaires.

Cours moyen et revenu des actions de 1885 à 1894 :

		Cours moyen	Revenu			Cours moyen	Revenu
1885. . .	Fr.	688	30	1890 . .	Fr.	821	45
1886. . .	—	677	35	1891. . .	—	785	30
1887. . .	—	741	40	1892. . .	—	655	30
1888. . .	—	799	40	1893 . .	—	640	30
1889. . .	—	795	40	1894. . .	—	665	35

Cours du 15 novembre 1895. . . . Fr. 795

CREDIT FONCIER FRANCO-CANADIEN

SOCIÉTÉ ANONYME CANADIENNE AU CAPITAL DE VINGT-CINQ MILLIONS DE FRANCS

SIÈGE SOCIAL : A MONTRÉAL

COMITÉ D'ADMINISTRATEURS : A PARIS, A LA BANQUE DE PARIS ET DES PAYS-BAS, RUE D'ANTIN, 3

CONSEIL D'ADMINISTRATION

MM.

Brolemann (Georges), 52, boul. Malesherbes, *président*.

Chapleau (J.-A.), *vice-président*. au Canada.

Barbeau (E.-J.), à Montréal.

Brice (René), quai Malaquais, 9.

Camondo (comte I. de) r. Glück.

MM.

Denfert-Rochereau (A.), aven. de Friedland, 22.

Molinari (G. de), rue Cortambert, 13.

Ouimet (J.-A.) à Montréal.

Thors (J.-H.), r. Montchanin, 3.

Wurtelle (J.-S.-C.), à Montréal.

Brisset, à Montréal, commissaire censeur.

Desjardins, à Montréal, commissaire censeur.

Moret (J.-Ed.), rue Laffitte, 49.

MM. **Chevalier** (Martial), à Montréal, directeur.

Morel (Paul), rue Brochant, 29, secrétaire du comité de Paris.

NOTICE

Société anonyme canadienne constituée le 11 janvier 1881, modifiée les 17 août 1882, 28 mai 1883 et 22 novembre 1884, et devant expirer le 11 janvier 1890.

Capital social : **25** millions de francs, divisé en **50.000** actions de **500** fr., libérées de **125** francs et nominatives.

La Société a émis : 1° 30,000 obligations de 500 fr. 3 0/0 produisant 15 francs d'intérêt, payables les 1er juin et 1er décembre et remboursables de 1891 à 1965 et à toute époque, au gré de la Société (tirage en mai) ; — 2° 60,000 obligations de 500 francs 4 0/0 (non cotées en France).

Conseil d'administration composé de neuf à quinze membres, devant être propriétaires chacun de 50 actions inaliénables. Comité à Paris, composé des administrateurs résidant en France. Trois commissaires censeurs, devant posséder chacun 25 actions. Assemblée générale ordinaire avant le 31 mai, composée des titulaires d'au moins 25 actions.

Les bénéfices nets sont répartis comme suit : 1° 5 0/0 pour former une réserve du quart du fonds social ; 2° 5 0/0 d'intérêt au capital des actions sur les sommes versées ; 3° Si l'Assemblée le décide, 20 0/0 au plus pour constituer un fonds de prévoyance. Cette réserve s'élève actuellement 1 $ 240,536 37, soit environ 1,200,000 francs. Le solde est distribué : 6 0/0 aux administrateurs, 6 0/0 aux fondateurs de la Société. Le surplus forme le dividende, qui est réparti entre les actions.

Le paiement des coupons s'effectue à la Banque de Paris et des Pays-Bas, rue d'Antin, 3.

		Actions	Oblig. 3 0/0	Oblig. 4 0/0 (1).
Revenu de 1894	Fr.	8	15	20
Cours du 15 novemb. 1895	—	472	410	507

(1) En banque et à Genève.

COMPTOIR NATIONAL D'ESCOMPTE DE PARIS

Société Anonyme au Capital de **100,000,000** de francs

Siège social : 14, rue Bergère.
Succursale : 2, Place de l'Opéra, Paris.

Président du Conseil d'administration :
M. DENORMANDIE ✻
Ancien gouverneur de la Banque de France
Vice-Président de la Compagnie des Chemins de fer
Paris-Lyon-Méditerranée

Opérations du Comptoir

Escompte et recouvrements. — Chèques. — Traites. — Lettres de crédit. — Avances sur titres. — Ordres de Bourse. — Garde de titres. — Paiement de coupons. — Envois de fonds en Province et à l'Etranger.

Bureaux de Quartiers dans Paris

A. 176, boul. Saint-Germain. — B. 3, boul. Saint-Germain. — C. 2, quai de la Râpee. — D. 11, rue Rambuteau. — E. 16, rue Turbigo. — F. 21, place de la République. — G. 24, rue de Flandre. — H. 2, rue du Quatre-Septembre (place de la Bourse). — I. 84, boul. Magenta. — K. 92, boul. Richard-Lenoir. — L. 36, avenue de Clichy. — M. 87, avenue Kléber. — N. 85, avenue Mac-Mahon. — O. 77, boul. Montparnasse. — P. 27, faubourg Saint-Antoine. — R. 53, boul. Saint-Michel.

Agences en Province

Agen, Aix-en-Provence, Amiens, Angoulême, Avignon. Bagnères-de-Luchon, Beaune, Béziers, Bordeaux, Caen, Castres Cette, Chalais, Clermont-Ferrand, Cognac, Dax, Dijon, Dunkerque, Epinal Firminy, Flers, Le Havre, Hazebrouck, Libourne, Limoges, Lyon, Manosque, Marseille, Mazamet, Mont-de-Marsan, Montpellier, Nantes, Narbonne, Nice, Nîmes, Remiremont, Roubaix, Rouen, Buffec, Saint-Chamond, Saint-Dié, Saint-Etienne, Salon, Toulouse, Tourcoing, Vichy, Villeneuve-sur-Lot.

Agences dans les pays de protectorat

Majunga, Tamatave, Tananarive, Tunis, Sousse.

Agences à l'Étranger

Londres, Liverpool, Manchester, Bombay, Calcutta, Chicago, San-Francisco, New-Orléans, Melbourne, Sydney.

Intérêts payés sur les sommes déposées

A 4 ans	4 0/0	A 1 an	2 1/2 0/0
A 3 ans	3 1/2 0/0	A 6 mois	1 1/2 0/0
A 2 ans	3 0/0	A vue	1/2 0/0

Le Comptoir tient un service de coffres-forts à la disposition du public (compartiments depuis 5 francs par mois).

CRÉDIT LYONNAIS

SOCIÉTÉ ANONYME AU CAPITAL DE DEUX CENTS MILLIONS DE FRANCS
LYON : SIÈGE SOCIAL, BOULEVARD DU COMMERCE
PARIS, 19, BOULEVARD DES ITALIENS

CONSEIL D'ADMINISTRATION

MM.
Germain (Henri), faubourg St-Honoré, 89 *Président.*
Bouthier (Henri), à Lyon, *vice-président.*
Bethenod (Emile), à Lyon.
Bo (Marius), rue d'Anjou, 9.
Brolemann (Georges), boulev. Malesherbes, 52.
Enders (Jules), rue de Rome, 39.

MM.
Kleinmann (Edouard), rue Magellan, 12.
La Martinière (de), boulevard Malesherbes. 52.
Masson (Léon), boulevard Haussmann, 182.
Morin-Pons (Henry), rue de la République, 12, Lyon.
Brice (René), quai Malaquais, 9

COMMISSAIRES

Basset (Ad.) r. d'Amsterdam. 90.
Des Vallières (Ernest), r. Matignon, 12.
Vautier (Théodore), rue Centrale, 46, à Lyon.

M. **Mazerat** (Adrien), avenue de Messine, 6, directeur général.

NOTICE

Capital social 200 millions, divisé en 400,000 actions de 500 fr., libérées de 400 francs, au porteur.

Les bénéfices nets sont répartis comme suit : 1° 5 0/0 pour former une réserve de vingt millions; 2° 5 0/0 du capital versé et des réserves comme intéré, aux actions. Le surplus est distribué : 15 0/0 au Conseil d'administration; 85 0/0 aux actionnaires et à un fonds de réserve extraordinaire.

Le paiement des coupons s'effectue les 25 mars (acompte) et 25 septembre (solde).

		Cours moyen	Revenu
1885. . .	Fr.	534	15 »
1886. . .	—	540	15 »
1887. . .	—	560	17 50
1888. . .	—	592	25 »
1889. . .	—	765	27 50
1890. . .	Fr.	681	30 »
1891. . .	—	755	30 »
1892. . .	—	799	30 »
1893. . .	—	785	30 »
1894. . .	—	758	30 50

Cours du 15 novembre 1895 . . . Fr. 775

Opérations du Crédit Lyonnais :

Escompte et recouvrements. — Chèques. — Traites. — Lettres de crédit. — Avances sur titres. — Ordres de Bourse. — Garde de titres — Paiement de coupons. — Envois de fonds en Province et à l'Etranger.

LOCATION DE COFFRES-FORTS

Etablis dans les sous-sols de l'immeuble

BUREAUX dans tous les quartiers de Paris. — AGENCES dans les principaux centres de la Province et les principales villes de l'Ancien et du Nouveau Monde.

SOCIÉTÉ GÉNÉRALE

PARIS. — 54, Rue de Provence, 54. — PARIS

PRINCIPALES OPÉRATIONS DE LA SOCIÉTÉ GÉNÉRALE

La SOCIÉTÉ GÉNÉRALE met à la disposition du public tous les services d'une maison de banque, notamment :

Comptes de dépôts de fonds à intérêts et comptes courants. — Chèques directs et virements; paiements télégraphiques ou non. — Dépôts de fonds remboursables à échéance fixe, à intérets variables, suivant la durée des dépôts. — Ordres de Bourse en France et à l'Etranger. — Vente aux guichets de valeurs à lots avec faculté de revente à la Société Générale après les tirages. — Placements de valeurs, souscriptions, avances et opérations sur titres. Garde de titres. — Escompte et encaissement de tous coupons français et étrangers. — Escompte et encaissement d'effets de commerce, factures et reçus sur la France et l'Etranger. — Crédits documentaires; avances sur marchandises et sur connaissements. — Billets de crédit circulaires et lettres de crédit sur la France et l'Etranger. — Location à Paris et dans plusieurs Agences de coffres-forts et de compartiments de coffres-forts. — Garantie contre les risques du remboursement au pair, par suite de tirages au sort conformes au tableau d'amortissement, de valeurs cotées au-dessus du pair. — Garantie contre les risques de non-vérification des tirages. — Renseignements divers; service de correspondant, assurances, etc.

Demander aux Guichets les Tarifs et Notices concernant tous ces Services

LOCATION DE COFFRES-FORTS

LOCATION DE COFFRES-FORTS

MODÈLES	Dimensions intérieures Profondeur uniforme $0^{m},50$		PRIX			
	Largeur	Hauteur	1 mois	3 mois	6 mois	1 an
N° 1....	$0^{m},25$ $0^{m},25$	$0^{m},25$ $0^{m},30$	5 »	14 »	25 »	40 »
N° 2....	$0^{m},35$ $0^{m},35$	$0^{m},25$ $0^{m},30$	6 »	16 »	27 »	42 »
N° 3. ..	$0^{m},25$	$0^{m},55$	9 »	25 »	38 »	57 »
N° 4.. .	$0^{m},60$ $0^{m},35$	$0^{m},25$ $0^{m},55$	10 »	27 »	40 »	60 »
N° 5....	$0^{m},60$	$0^{m},55$	15 »	35 »	50 »	90 »
1/4.....	$0^{m},65$	$1^{m},20$	» »	45 »	65 »	120 »
1/2.....	$1^{m},30$	$1^{m},20$	» »	55 »	100 »	190 »
Coffre entier	$1^{m},30$	$2^{m},40$	» »	95 »	180 »	350 »

BANQUE INTERNATIONALE DE PARIS

SOCIÉTÉ ANONYME AU CAPITAL DE 25,000,000 DE FRANCS
DIVISÉ EN 5,000 ACTIONS DE 500 FRANCS ENTIÈREMENT LIBÉRÉES

Siège social :
A PARIS, 3 et 5, rue Saint-Georges

CONSEIL D'ADMINISTRATION

MM. **May** (Ernest), *Président*; **Delessert** (Edouard), *Vice-président*; **Bauer** (R. de), **Beer** (Guillaume), **Bixio** (Maurice), **Einhorn** (S.), **Kulp** (Jacques), **May** (Georges), *Administrateurs*.

CENSEURS : **MM. I. Salles; Morel Kahn.**

COMMISSAIRES : **MM. F. de Carrère; Ch. Durand; G. Pfeiffer.**

DIRECTEURS : **MM. G. de Leyssac; Th. Lombardo.**

SOUS-DIRECTEUR : **L. Gutmann.**

FONDÉ DE POUVOIRS : **F. Picard.**

Cette société a pour objet de faire toutes les opérations habituelles des maisons de banque et institutions financières, ainsi que toutes les opérations s'y rattachant.

UNION COLONIALE FRANÇAISE

Pour assurer le développement, la prospérité et la défense des diverses branches du Commerce et de l'Industrie dans les colonies, pays de protectorat et d'influence française, d'organiser le groupement de ses représentants et de concentrer leurs efforts en vue de la protection de leurs intérêts.

COMITÉ DE DIRECTION

PRÉSIDENT : **M. E. MERCET**, Vice-Président du Comptoir national d'Escompte, Administrateur de la Banque de l'Indo-Chine.

VICE-PRÉSIDENTS : **MM. Ulysse PILA**, de Lyon; **Théodore MANTE**, de Marseille.

TRÉSORIER : **M. SIMON**, directeur de la Banque de l'Indo-Chine.

SECRÉTAIRE : **M. J. de CESNE**, administrateur-délégué de la Cie de l'Afrique orientale.

MEMBRES : **MM. Albert CORNU**, directeur de la Rizerie de Choloit, **Albert VOISIN**, Administrateur-délégué de la Cie Coloniale franco-africaine.

SÉCRÉTAIRE-GÉNÉRAL : **M Joseph CHAILLEY BERT**, à qui doivent être adressées toutes les communications au siège de la Société : **56, Rue de Provence.**

www.ingramcontent.com/pod-product-compliance
Ingram Content Group UK Ltd.
Pitfield, Milton Keynes, MK11 3LW, UK
UKHW031046260726
13965UKWH00006B/676

9 782013 341974